山海经

怪奇鸟兽图释

杨维清 注译

北京燕山出版社
BEIJING YANSHAN PRESS

卷六 海外南经 218
卷七 海外西经 225
卷八 海外北经 234
卷九 海外东经 242
卷十 海内南经 248
卷十一 海内西经 254
卷十二 海内北经 261
卷十三 海内东经 267
卷十四 大荒东经 274
卷十五 大荒南经 282
卷十六 大荒西经 290
卷十七 大荒北经 301
卷十八 海内经 311

海经

目录

山经

卷一　南山经 005

卷二　西山经 029

卷三　北山经 085

卷四　东山经 123

卷五　中山经 143

卷一 南山经

南山经

南山经袁珂《山海经校注》认为当无"经"字,然明万历二十八年闽格斋刊本、清光绪十二年还读楼刊本皆有"经"字,从之之首有"一组"之意,引申为山脉、山系曰䧿山南朝任昉《述异记》作雀山,南朝王中刻头陀寺碑引此经作鹊山,䧿,古同"鹊"字;一说在今广西省,以下诸山大抵在今广西、广东、湖南、江西四省。其首曰招摇之山,临于西海之上,多桂桂叶似枇杷,长二尺余,广数寸,味辛,冬夏常青,间无杂木,多金玉。有草焉,其状如韭而青华古"花"字,明万历二十八年闽格斋刊本华皆作"花"字,其名曰祝余或曰桂荼,一说为贝母,食之不饥。有木焉,其状如榖榖,楮也,皮作纸,名榖者以其实如榖也。陶弘景注《本草经》云:榖即今构树是也,榖构古同声,故榖亦名构。可知榖、构和楮为一物;另有一说,构树有雌雄,雄者皮斑,为楮;雌者皮白,为榖而黑理南朝王中刻头陀寺碑引此经无"理"字,其华四照言有光焰也,形容其光芒如火,其名曰迷榖,佩之不迷。有兽焉,其状如禺禺,似猕猴而大,赤目长尾,今江南山中多有。《说文》云:禺猴属兽之愚者也。

现代学者认为其是狒狒而白耳，伏行人走，其名曰狌狌兽状，如猿伏行，即猩猩，食之善走。丽䴏之水一说广东连江出焉，而西流注于海，其中多育沛一说为蜜蜡、琥珀一类，佩之无瘕疾一说虫病也，《说文》云：瘕，久病矣。

又东三百里里地之数盖始于禹。《大戴礼》言三百步而里，是古里，短于今里数，曰堂庭之山《上林赋》引此经作常庭，多棪木，多白猿，多水玉《广雅》云水精谓之石英，即水晶。《列仙传》云赤松子服水玉以教神农，能入火自烧，多黄金《汉书·食货志》云：金有三等，黄金为上，白金为中，赤金为下。

又东三百八十里，曰猿翼之山《初学记》引此经作㮴翼之山；袁珂《山海经校注》以为"即翼之山"，其中多怪兽，水多怪鱼，多白玉，多蝮虫毒蛇，虫，古"虺"字，多怪蛇，多怪木，不可以上。

| 译文 |

南方第一条山脉名为䧿山。它的第一座山称招摇山，屹立在西海边，山上生长桂树，山里蕴藏着丰富的金和玉石。有一种野草，形似韭菜，花开呈青色，名为祝余，人吃了它就不再感到饥饿。有一种树，形似构树，有黑色纹理，花开时光芒四射，名为迷穀，把它佩戴在身上就不会迷失方向。有一种野兽，比猕猴还大，有白色的耳朵，时而爬行，时而如人般奔跑，名为狌狌，人吃了它的肉就会跑得飞快。山里有条名为丽䴏的河，向西流入大海，河中多育沛，人佩戴它就不会生虫病。

再往东三百里，有座堂庭山，山上长着许多棪树，还有很多白猿，山中盛产水晶、黄金。

再往东三百八十里，有座猿翼山，山里有许多奇怪的野兽，河水中有许多奇怪的鱼，白玉储藏颇丰，但也有大量的毒蛇，树木怪异，山势险峻，不可贸然攀登。

又东三百七十里，曰杻阳之山 一说为广东鼎湖山。其阳 山南水北谓之阳，山北水南谓之阴 多赤金，其阴多白金《说文》云：铜赤金也，银白金也。有兽焉，其状如马而白首，其文 同"纹" 如虎而赤尾，其音如谣 如人歌声，其名曰鹿蜀，佩之宜子孙。怪水出焉，而东流注于宪翼之水。其中多玄龟 黑而有赤色者为玄，其状如龟而鸟首虺尾，其名曰旋龟，其音如判木 破木之声，佩之不聋，可以为底 为，医治的意思。底，同"胝"，脚底厚茧。应指用龟甲刮脚底的厚茧。

又东三百里，曰柢山。多水，无草木。有鱼焉，其状如牛，陵居 陵，高地。"陵居"当作"居于陵"，即居住在高地，蛇尾有翼，其羽在魼 同"胁"，指肋骨下，其音如留牛 郭璞引《庄子·天地篇》曰执狸之狗谓此牛；袁珂《山海经校注》曰留牛未详，其名曰鯥 音录，冬死而夏生。食之无肿疾 肿，痈也。

又东四百里，曰亶爰之山。多水，无草木，不可以上。有兽焉，其状如狸 豹，或狸猫之类 而有髦 动物头上的毛发，其名曰类，自为牝牡 雌雄同体；《庄子》曰：类，自为雌雄；《列子·天瑞篇》云：亶爰之兽自孕而生曰类，食者不妒。

又东三百里，曰基山，其阳多玉，其阴多怪木。有兽焉，其状如羊，九尾四耳，其目在背，其名曰猼訑 音博陀，佩之不畏。有鸟焉，其状如鸡，而三首六目、六足三翼，其名曰鵸鵌 音敧夫，食之无卧。

類

类：《楚辞》《列子》《本草拾遗》等古籍中都曾提到过这种动物。

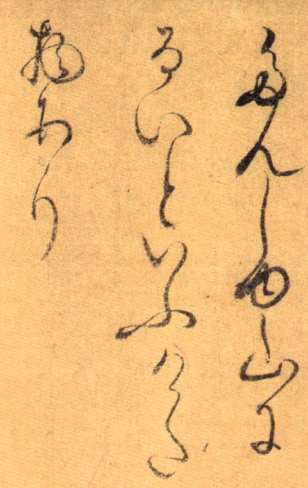

| 译文 |

再往东三百七十里，有座枉阳山，山的南面有大量铜矿，山的北面有白金。有一种野兽，外形好像马，头部是白色的，皮毛上的纹理与老虎的一样，尾巴是红色的，发出的叫声就像是人在唱歌，名叫鹿蜀，人们穿戴它的皮毛就会多子多孙。怪水河从这里发源，并向东汇入宪翼河。怪水河中有很多黑红色的龟，外形很像乌龟，却长着鸟一样的头和蛇一样的尾巴，名叫旋龟，其叫声就像劈开木材时的声音一样，人们佩戴着它的龟甲就不会耳聋，还可以用龟甲来刮足底的厚茧。

再往东三百里，有座柢山，山中有很多河流，却没有草木。有一种鱼，外形好似牛，栖息在高地之上，有蛇尾，肋下长有翅膀，发出的声音如同留牛一般，名叫鲑，它们会冬眠，到了夏季才苏醒。人们吃了这种鱼就不会患肿病。

再往东四百里，有座亶爱山。山中有很多河流，没有花草树木，山势险峻，很难爬上去。山中有一种野兽，外形与狸猫相似，但是长着粗硬的毛发，名叫类，它们是雌雄同体，人吃了它们的肉就不会有嫉妒心。

再往东三百里，有座基山，山的南面盛产玉石，北面有许多怪异的树木。有一种野兽，外形与羊相似，有九条尾巴、四只耳朵，眼睛长在背上，名叫猼訑，人们披戴它的皮毛不会感到害怕。还有一种鸟，外形与鸡相似，有三个脑袋、六只眼睛、六条腿、三只翅膀，名叫鹧鹕，吃了它的肉会让人精神亢奋，睡不着觉。

又东三百里，曰青丘之山一说是福建外的海岛，如澎湖列岛。其阳多玉，其阴多青䨼一种石脂，可以做颜料。有兽焉，其状如狐而九尾即九尾狐，其音如婴儿，能食人，食者不蛊病名，指人体内的寄生虫。又南人擅长蛊毒，蛊有蛇蛊、虫蛊，食此兽者不蛊，盖指此类。有鸟焉，其状如鸠，其音若呵呵斥，名曰灌灌或作濩濩、雚雚。高诱注《吕氏春秋》言，雚雚，鸟名，其形未闻。一说即今日之鹳，佩之不惑陶渊明读《山海经》诗云：青丘有奇鸟，自言独见尔；本为迷者生，不以喻君子。英水出焉，南流注于即翼之泽。其中多赤鱬一说为人鱼类。一说为娃娃鱼，其状如鱼而人面，其音如鸳鸯，食之不疥一种皮肤病，疥疮。

又东三百五十里，曰箕尾之山一说在福建厦门附近，其尾踆古"蹲"字，言临于海上于东海，多沙石。汸水出焉，而南流注于淯，其中多白玉。

凡䧿山之首，自招摇之山以至箕尾之山，凡十山，二千九百五十里郝懿行认为文中只九山，二千七百里，如算䧿山为十山，但䧿山为首，恐文有脱误。其神状皆鸟身《北堂书钞》引此经作"人身"而龙首。其祠之礼祭祀的仪式：毛泛指祭祀时所用的物品用一璋玉半圭为璋瘗音义，埋物于地。郑玄《周礼注疏》云：瘗，谓若祭地祇，有埋牲玉者也，糈音许，祭祀用的精米用稌音涂米一说为酿酒有关的稻类，白菅《太平御览》引此文作白蒲。菅，茅草类的植物为席铺垫。

九尾狐：《海外东经》和《大荒东经》也提到青丘山上有九尾狐，是祥瑞的象征。郭璞注其「太平则出而为瑞」。

せいきうこくる
きつるありき
うびことふ
柏杯子おこの
えのそねらり

九尾狐

| 译文 |

再往东三百里，有座青丘山。山的南面盛产玉石，北面有青色的矿物颜料。有一种野兽，跟狐狸很像，但长了九条尾巴，发出的叫声像婴儿一样，吃人。但人若吃了它们的肉就可以不得蛊病。有一种鸟，外形与雉鸡很像，叫声很大，带有怒意，仿佛人类呵斥之声，名叫灌灌，人们戴着它的羽毛就不会被迷惑。英水河从这里发源，并向南流入即翼湖。英水河中有很多红色的鱬鱼，身子和鱼一样，但长着一张人类的脸，发出的声音如同鸳鸯叫声一般，人们吃了它不会得疥疮。

再往东三百五十里，有座箕尾山。这座山临于东海边，山中有很多沙石。汸水河从这里发源，并向南流入淯水河，汸水河中有大量白色的玉石。

综上所述，䧿山山系，从招摇山直到箕尾山，总计十山，绵延二千九百五十里，这些山的山神都是鸟身龙头。祭祀这些山神的礼仪如下：祭品是一块璋、一决玉，一起埋入地下；祭祀用的精米从稻米选中；用白茅来编成众神的坐席。

南次二经

南次二经之首,曰柜山郭璞注,音矩。郝懿行、袁珂等本从之。一说在湖南西北部或武陵山脉,西临流黄即流黄辛氏国也,见《海内经》,北望诸𣫍郭注曰山名,音皮。袁珂《山海经校注》认为诸𣫍亦水名,东望长右山名,此指猴类多的山。英水出焉,西南流注于赤水,其中多白玉,多丹粟粟粒一般的丹砂,即红色的砂粒。有兽焉,其状如豚,有距雄鸡爪子后面突出像脚趾的部分,打斗时可以刺伤对方,其音如狗吠,其名曰狸力一说为沙獾,见则其县多土功水土工程。有鸟焉,其状如鸱一种凶猛的鸟,一说为鹞鹰;或为猫头鹰而人手此鸟的爪与人手相似,其音如痹音皮,郝懿行注:鹑之雌者为痹,其名曰鴸音朱,其名自号也因叫声得名,见则其县多放士流放的人才。

东南四百五十里,曰长右之山。无草木,多水。有兽焉,其状如禺而四耳,其名长右,其音如吟呻吟声,见则其郡县大水。

又东三百四十里,曰尧光之山,其阳多玉,其阴多金。有兽焉,

鴸　　　　　　　　　　　　　　　　駝鵄

鴸：传说中尧的儿子丹朱生性凶残，因此尧传位于舜，将丹朱流放于南方的丹水。丹朱与当地首领联合造反兵败，丹朱自杀，化为鴸鸟。

きらけさも
けりてとう
あくつれそ夫
凡けう色

羲

犩：从明清时期人们所绘的《山海经》图谱中，犩的外形更像猴子，长着人面四耳，有老虎一样的斑纹。

其状如人而彘鬣彘，猪，或为野猪；鬣，颈上的长毛，穴居而冬蛰，其名曰猾裹音怀，一说为狪貛，其音如斫木砍伐木头，见则县有大繇徭役。

又东三百五十里，曰羽山。其下多水，其上多雨，无草木，多蝮虫。

又东三百七十里，曰瞿父之山。无草木，多金玉。

又东四百里，曰句余之山在今浙江余姚县南，无草木，多金玉。

| 译文 |

南方第二列山脉的首座山，叫作柜山。它的西边是流黄国，北面能望见诸毗山，东面能看见长右山。英水河从这里发源，向西南流入赤水河。河中有很多白色的玉石，也有很多红色的细砂。山里有一种野兽，外形如小猪，脚有距，叫声似狗叫，名叫狸力，它出现在哪里，哪里就会大兴土木。山里有一种鸟，身形像鹞鹰，有人手一样的爪子，叫声如雌鹤鹑，名叫鸹，因它自己的叫声而得名，它出现在哪里，哪里就会有被流放的才智之士。

向东南四百五十里，有座长右山。山中没有花草树木，但是有很多河流。有一种野兽，外形似猿猴，但长着四只耳朵，名叫长右，它的声音仿佛人在呻吟，它出现在哪里，哪里就会发生水灾。

再往东三百四十里，有座尧光山。山的南面有丰富的玉石，山的北面有大量的金属矿产。有一种野兽，外形似人，但长有猪毛，常年栖息于洞穴之中，会冬眠，叫作猾裹，它发出的声音有如伐木，它出现在哪里，哪里就会有繁重的徭役。

再往东三百五十里，有座羽山。羽山脚下有很多河流，山上则常有大雨，山中没有草木，但有很多蝮蛇。

再往东三百七十里，有座瞿父山。山中没有草木，但是有丰富的金属矿和玉石矿。

再往东四百里，有座句余山。山中没有草木，但是有丰富的金属矿和玉石矿。

又东五百里，曰浮玉之山一说为浙江罗浮山。北望具区太湖，东望诸毗《山海经》中多次出现诸毗，有指山，有指水，郝懿行案：然则诸毗盖非一山，其水盖非一水。有兽焉，其状如虎而牛尾，其音如吠犬，其名曰彘音至。此处非指猪，兽名，是食人。苕音条水出于其阴，北流注于具区，其中多鮆鱼太湖盛产的一种刀鱼。

又东五百里，曰成山。四方而三坛形如人筑坛相累也，成山因重累如坛而得名，其上多金玉，其下多青雘。閟郭璞注音"涿"，王念孙与袁珂以为音"史"水出焉，而南流注于虖勺，其中多黄金水中金砂。

又东五百里，曰会稽之山今浙江绍兴南部的会稽山，以下诸山均在浙江省，四方，其上多金玉，其下多砆石斌玞石，似玉。勺水出焉，而南流注于湨音菊，河流名。

又东五百里，曰夷山。无草木，多沙石，湨水出焉，而南流注于列涂一说涂水；郝懿行疑即涂山，在今绍兴西北。

又东五百里，曰仆勾之山，其上多金玉，其下多草木，无鸟兽，无水。

又东五百里，曰咸阴之山，无草木，无水。

| 译文 |

再往东五百里,有座浮玉山。浮玉山向北可以看见太湖,向东可以望见诸毗河。有一种野兽,像老虎一样,却长着牛尾巴,声音如同狗叫,名叫彘,能吃人。浮玉山山北有条苕水河,向北流入太湖,河中有很多刀鱼。

再往东五百里,有座成山。这座山呈四方形,分三层,像垒起来的的土坛,山上储藏着丰富的金矿、玉石,山下还有含丹青颜料的矿石,閑水河从这里发源,并向南流入虖勺河,河中有大量的金砂。

再往东五百里,有座会稽山,四方形。山上有丰富的金矿、玉石,山下有大量的砆砥石。勺水河从这里发源,并向南流入湨水河。

再往东五百里,有座夷山。山中没有草木,而有大量的沙砾。湨水河从这里发源,并向南流入列涂河。

再往东五百里,有座仆勾山。山上有丰富的金矿、玉石,山下有茂盛的草木。没有飞禽走兽,也没有湖河水系。

再往东五百里,有座咸阴山,没有草木,也没有水系。

又东四百里,曰洵山,其阳多金,其阴多玉,有兽焉,其状如羊而无口,不可杀也郝懿行注:言不能死也,无口不食,而自生活,其名曰䍺音患。洵水出焉,而南流注于阏之泽名为阏的湖,其中多芘蠃郝懿行疑此字当为"茈"字之误;即紫色螺也。

羵：这种怪兽长得像羊，即使不吃不喝都不会死。

羵

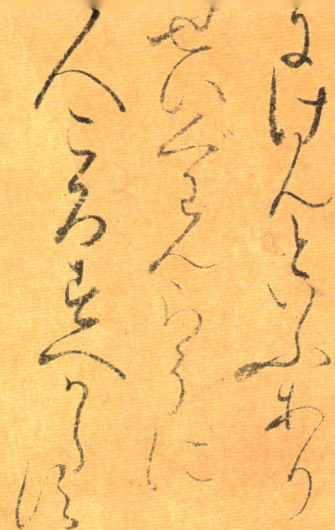

又东四百里曰虖勺之山。其上多梓柟梓，山楸树；柟，楠树。另《说文》释之曰：柟，梅也，其下多荆杞荆，楚荆也；杞，枸杞。滂水出焉，而东流注于海。

又东五百里，曰区吴之山一说为浙江大盘山。无草木，多沙石，鹿水出焉，而南流注于滂水。

又东五百里，曰鹿吴之山。上无草木，多金石。泽更之水出焉，而南流注于滂水。水有兽焉王念孙疑"水"字为衍文，名曰蛊雕，其状如雕而有角，其音如婴儿之音，是食人。

东五百里，曰漆吴之山。无草木，多博石可以做棋子的石头，无玉。处于东海郝懿行案："东海"当作"海东"，望丘山即舟山岛或舟山群岛，其光载出载入忽明忽暗，是惟日次杨慎补注曰：《山海经》载日月所出入之山凡数十所，盖峰峦隐映，壑谷层累所见然矣，非必日月出没，定在是也。

凡南次二山之首，自柜山至于漆吴之山，凡十七山，七千二百里。其神状皆龙身而鸟首。其祠：毛用一璧袁珂《山海经校注》作"壁"，不确瘗，糈用稌。

| 译文 |

再往东四百里有座洵山。山的南面有金属矿，山的北面有玉石。有一种野兽，外形与羊相似，但没有嘴，并且杀不死，名叫䍺。洵水河从这里发源，并向南流入阏湖，河中有很多紫螺。

再向东四百里有座虖勺山。山上生长着茂盛的梓树和楠树，山下生长着荆丛和枸杞。滂水河从这里发源，并向东流入大海。

再往东五百里有座区吴山。山中没有草木，但有沙砾。鹿水河从这里发源，并向南流入滂水河。

再往东五百里有座鹿吴山。山上没有草木，而有丰富的矿物和玉石。泽更河从这里发源，并向南流入滂水河。有一种野兽，名叫蛊雕，外形似雕，头上长角，声音如同婴儿啼哭，能吃人。

再往东五百里有座漆吴山。没有草木，山中有可以做棋子的石头，没有玉。这座山位于东海之滨，远望可以看见丘陵，忽明忽暗的地方，就是太阳升起和落下之地。

综上所述，南方的第二条山脉，从柜山到漆吴山，一共十七座山，绵延七千二百里。这些山神的外形均是龙身鸟头。祭祀山神的礼仪是：将一块玉璧埋入地下，祭祀用的从稻米中选出精米。

南次三经

南次三经之首，曰天虞之山一说在广东四会，其下多水，不可以上。东五百里，曰祷过之山，其上多金玉，其下多犀兕独角犀牛，多象，有鸟焉，其状如䴔似凫而小，脚近尾而白首，三足、人面，其名曰瞿如，其鸣自号也。浪水一说为广东滨江出焉，而南流注于海。其中有虎蛟蛟似蛇，四足，龙属，其状鱼身而蛇尾，其音如鸳鸯，食者不肿，可以已治愈痔。

又东五百里，曰丹穴之山《尔雅》云：齐州（今济南）以南戴日为丹穴，丹穴之人智；《庄子·让王篇》云：越王子搜逃之丹穴，其上多金玉。丹水出焉，而南流注于渤海此非指现今之渤海，大意为波涛汹涌的海。郭璞注：渤海海岸曲崎头也。渤为俗字。《说文》作浡海，地之起者。《汉书·扬雄传》作勃解，亦通。有鸟焉，其状如鸡，五采而文，名曰凤皇即凤凰，首文曰德头部的花纹是一个古时的"德"字，翼文曰义，背文曰礼《广雅》引此经为"翼文曰顺，背文曰義"，膺胸部文曰仁，腹文曰信。是鸟也，饮食自然吸纳天地之气，自歌自舞，见则天下安宁。

たう宝山る
ありくちよ
とるづくミ
たこその公
をよぶ

瞿如

瞿如：明代胡文焕在《山海经图》中称瞿如长了三个鸟头，两只爪子。而郭璞则说此鸟只有一个头，却有三只脚。

又东五百里，曰发爽之山一说为广东龙门南昆山，无草木，多水，多白猿。汎今作泛水出焉，而南流注于渤海。

又东四百里，至于旄山之尾，其南有谷，曰育遗一作育隧，多怪鸟，凯风即南风：《诗经·邶风》有"凯风自南，吹彼棘心"。《尔雅》云：南风曰凯风自是出。

又东四百里，至于非山之首，其上多金玉，无水，其下多蝮虫。

又东五百里，曰阳夹之山，无草木，多水。

又东五百里，曰灌湘之山，上多木，无草，多怪鸟，无兽。

| 译文 |

南方第三座山脉的首座山，叫作天虞山。山下有很多水系，山势险峻，很难攀登。往东五百里，有座祷过山，山中盛产金属矿和玉石，山下有很多独角犀牛和野象。有一种鸟，外形像鸡，但头是白色的，长了三只脚和一幅人脸，名叫瞿如，因它自己的叫声而得名。泿水河从这里发源，并向南流入大海。河中有虎蛟，鱼身、蛇尾，叫声与鸳鸯相似，人吃了它的肉可以治愈痔疮。

再往东五百里，有座丹穴山。山上有丰富的金属矿石和玉石。丹水河从这里发源，并向南流入汹涌的大海。有一种鸟，与鸡相似，羽毛呈五彩，自成纹理，名叫凤凰，它头部的花纹像一个"德"字，翅膀上的花纹像"義"字，背上的花纹像"礼"字，胸部的花纹像"仁"字，腹部的花纹像"信"字。这种鸟，吸纳天地之气，自歌自舞，一旦出现，就预示着天下太平。

再往东五百里，有座发爽山。山上没有草木，但水系众多，有很多白猿。泛水河从这里发源，并向南流入汹涌的大海。

再往东四百里，就到了旄山的余脉。它的南部有一处山谷，名叫育遗，谷中有很多怪鸟，南风就是从这里吹出来的。

再往东四百里，就到了非山的头。山上有大量金属矿和玉石，没有水系，山下生有很多蝮蛇。

再往东五百里，有座阳夹山。山上没有草木，有很多水系。

再往东五百里，有座灌湘山。山上有很多树木，但没有花草，栖居着很多奇怪的鸟类，没有野兽。

又东五百里，曰鸡山，其上多金，其下多丹雘。黑水一说为广东韩江出焉，而南流注于海。其中有鱄音团鱼，其状如鲋鲫鱼而彘毛，其音如豚小猪，见则天下大旱。

又东四百里，曰令丘之山，无草木，多火《抱朴子》云：南海萧丘有自生之火。很可能是今广东霞山、狮子山一带的活火山。其南有谷焉，曰中谷，条风即东北风，又名融风。高诱注《淮南子·天文训》载：艮卦之风，一名融自是出。有鸟焉，其状如枭鸱鸮科鸟类，即猫头鹰，人面四目而有耳，其名曰颙，其鸣自号也，见则天下大旱。

又东三百七十里，曰仑者之山，其上多金玉，其下多青雘。有木焉，其状如榖而赤理，其汗郝懿行引《东次四经》证"汗"字为"汁"字误，树身渗出的汁液如漆，其味如饴甘甜，食者不饥，可以释劳，其名曰白䓘音羔，可以血玉染玉以作色，郝懿行认为血玉就是一种带红色斑纹的玉石。

又东五百八十里，曰禺槀今作稿之山，多怪兽，多大蛇。

又东五百八十里，曰南禺之山，其上多金玉，其下多水。有穴焉，水出辄入，夏乃出，冬则闭封山不通。佐水出焉，而东南流注于海，有凤皇、鹓雏一种凤凰类的鸟。

凡南次三山之首，自天虞之山以至南禺之山，凡一十四山，六千五百三十里。其神皆龙身而人面。其祠皆一白狗祈祈祷，稰用稌。

右古人行文自上而下，自右而左，等同于"上述"；郝懿行案：篇末此语盖校书者所题南经袁珂《山海经校注》作"经历"之山志，大小凡四十山，万六千三百八十里。

| 译文 |

再往东五百里，有座鸡山，山上有丰富的金属矿，山下有丹青石。黑水河从这里发源，并向南流入大海。河中有一种鱄鱼，其外形与鲫鱼相似，但长着猪毛，发出的声音也像小猪哼叫，一旦出现，就预示着天下大旱。

再往东四百里，有座令丘山，不生草木，到处都喷火。山的南面有一处山谷，名叫中谷，东北风就是从这里吹出来的。有一种鸟，酷似猫头鹰，但有一副人脸和四只眼睛，有耳朵，名叫作颙，因它自己的叫声而得名，一旦出现，就预示着天下大旱。

再往东三百七十里，有座仑者山。山上盛产金属矿和玉，山下盛产丹青石。有一种树木，外形与一般构树相似，但有红色的纹理，树干流出来的汁液与红漆相似，味如饴糖，人喝了之后就不会饥饿，还可以消除疲劳，树名叫作白䓘，它的汁液可以将玉染成血红色。

再往东五百八十里，有座禺槀山，怪兽很多，还有很多大型蛇类。

再往东五百八十里，有座南禺山，山上有丰富的金属矿和玉石，山下有很多水系。山里有一个洞穴，春天的时候，水就会流进去，夏天时候，水就会流出来，冬天的时候，洞穴就走不通了。佐水河从这里发源，并向东南流入大海，山中栖居着凤凰、鹓雏等鸟类。

综上所述，南方第三条山脉，从天虞山到南禺山，总计十四座山，绵延六千五百三十里。诸山山神都是龙身人面。祭祀山神的礼仪如下：用一条纯白色的狗作祭品进行祈祷，祭祀用的米选用稻米。

以上所记诸山，大小山脉共计四十座，东西绵亘一万六千三百八十里。

卷二 西山经

西山经

西山经华山之首今陕西渭水南岸的华山，曰钱来之山，其上多松，其下多洗石用以刮擦身上污垢的石块。有兽焉，其状如羊而马尾，名曰羬音前羊即大尾羊，《尔雅》曰：羊六尺为羬，其脂动物体内的脂肪，凝者为脂，释者为膏可以已腊皮肤干裂。

西四十五里，曰松果之山，濩音户水出焉，北流注于渭，其中多铜。有鸟焉，其名曰螐音同渠也作"庸渠"或"雝渠"。《尔雅》云：雝渠，雀属也，似鬼，灰色而鸡脚，其状如山鸡，黑身赤足，可以已㿋皮肤皱起也，爆皮。

又西六十里，曰太华之山西岳华山，在今陕西华阴西南，削成而四方，其高五千仞古代计量单位，约一米八。《说文》释之曰：仞，伸臂一寻，八尺也，其广宽十里，鸟兽莫居。有蛇焉，名曰肥遗一种大蛇，六足四翼，见则天下大旱。

又西八十里，曰小华之山即少华山，《水经注》云：太华之南有小华山也，其木多荆杞，其兽多㸲音昨牛野牛，一说羚牛，其阴多磬石，其阳多㻬琈音突服之玉彩玉。鸟多赤鷩一种山鸡，锦雉，可以御火。其草有萆荔一种香草，状如乌韭乌蕨，附生于岩，而生于石上，亦缘顺着木而生，食之已心痛。

又西八十里，曰符禺之山，其阳多铜，其阴多铁。其上有木焉，名曰文茎一种枣。《本草纲目》注：乾枣主耳聋，是也，其实如枣，可以已聋。其草多条，其状如葵冬葵，而赤华黄实，如婴儿舌，食之使人不惑。符禺之水出焉，而北流注于渭。其兽多葱聋一说为藏羚羊，其状如羊而赤鬣红色的鬃毛。其鸟多鴖，其状如翠翠鸟科，似燕而赤喙鸟嘴，可以御火。

又西六十里，曰石脆之山，其木多棕枏棕榈和楠树，其草多条，其状如韭，而白华黑实，食之已疥。其阳多㻬琈之玉，其阴多铜。灌水出焉，而北流注于禺水。其中有流赭赤土，水中红泥，以涂牛马无病。

| 译文 |

西方第一条山脉是华山山脉，第一座山，叫作钱来山。山上生长着繁茂的松树，山下有大量的洗石。有一种野兽，外形和羊一样，却长了一条马尾，名叫羬羊，它的油脂可以滋润干裂的皮肤。

往西四十五里，有座松果山。濩水河从这里发源，并向北流入渭水，河中有大量的铜砂。有一种鸟，名叫蛖渠，外形和山鸡一样，长着黑色的鸟身和红色的爪子，能防止皮肤皱起。

再往西六十里，有座太华山，山崖陡峭，仿佛刀削而成，整体呈四方形，山高九千多米，南北宽十里，禽鸟野兽都无法生活。有一种蛇，

きぐ山きょこも
ありそうつきう
とうく

葱聾

葱聾：《康熙字典》中对葱聾的记载为「如羊，黑首赤鬣」，李时珍则说葱聾「生江南者为吴羊，毛短；生秦晋者为夏羊，毛长，剪毛为氈，又谓之绵羊。」

名叫肥遗，长着六只脚、四只翅膀，一旦出现，就预示着天下大旱。

再往西八十里，有座少华山，山上的树木大多是荆丛和枸杞，野兽大多是柞牛。山的北面有很多坚硬的石块，山的南面有彩玉。鸟类大多是红色锦鸡，可以辟火。有一种草，名叫草荔，外形和乌韭相似，生长在岩石之上，也有攀缘树木而生的，人吃了它可以治疗心痛之病。

再往西八十里，有座符禺山，山的南面有丰富的铜矿，山的北面有丰富的铁矿。山上有一种树，名叫文茎，它的果实和枣一样，吃了可以治疗耳聋。山上的草大多是条草，形状和冬葵一样，能开出红色的花朵，结出黄色的果实，果子就像婴儿的舌头，吃了它就会神志清明。符禺河从这里发源，并向北流入渭水。山中的野兽大多是葱聋，外形和普通的羊一样，但长有红色的鬃毛。鸟类大多是鴖，外形和翠鸟一样，长着红色的鸟喙，可以辟火。

再往西六十里，有座石脆山。树木大多是棕榈和楠树，草多是条草，外形和韭菜一样，能开出白色的花朵，结出黑色的果实，人吃了它就能够治愈疥疮。山的南面盛产彩玉，山的北面有丰富的铜矿。灌水河从这里发源，并向北流入禺水。河中有很多红泥，把泥涂到牛马身上能够预防疫病。

又西七十里，曰英山，其上多杻橿杻，棣树，叶细；橿，橿子树，木质较硬，可造车，其阴多铁，其阳多赤金。禺水出焉，北流注于招音韶水《水经注》云禺水出英山，北流与招水相得，乱流西北注于灌，灌水又北注于渭，其中多鳑鱼一说为蚌，其状如鳖甲鱼，其音如羊。其阳多箭䉋一种长节根深的竹子，兽多炸牛、羬羊。有鸟焉，其状如鹑，黄身而赤喙，其名曰肥遗竹鸡，与前文肥遗同名而异物，食之已疠瘟疫，可以杀虫蛊虫，一说腹内寄生虫。

又西五十二里，曰竹山，其上多乔木，其阴多铁。有草焉，其名曰黄雚黄花蒿，菊科，其状如樗臭椿，落叶乔木，其叶如麻，白华而赤实，其状如赭，浴之已疥《说文》云：疥，搔也，此草浴疥可以去风痒，又可以已胕浮肿。竹水出焉，北流注于渭，其阳多竹箭细小的竹子。郭璞注云：箭，筱也；袁珂《山海经校注》云：筱，小竹也。《尔雅·释地》云：东南之美者，有会稽之竹箭焉，多苍玉玉名，郝懿行案：大夫佩苍玉。丹水出焉，东南流注于洛水，其中多水玉，多人鱼娃娃鱼。有兽焉，其状如豚而白毛，大如笄而黑端郝懿行案：李善注《文选·长杨赋》引此经下有"以毛射物"四字，疑脱。即说豪彘身上的白毛如簪子般粗细坚硬，可以用来攻击其他动物，名曰豪彘。

| 译文 |

再往西七十里，有座英山。山上生长着繁茂的杻树、橿树，山的北面有丰富的铁矿，山的南面有丰富的铜矿。禺水河从这里发源，并向北流入招水，禺水河中有大量的鲜鱼，外形和鳖一样，叫声像羊。山的南面还有大量的箭竹和𥳑竹，野兽大多是炸牛、羬羊。有一种鸟，外形和鹑鹌一样，全身黄色，有红色的鸟喙，名叫肥遗，人吃了它的肉可以治愈瘟疫，也可以打掉腹内的寄生虫。

再往西五十二里，有座竹山。山上有大量的乔木，山的北面有丰富的铁矿。有一种草，名叫黄雚，与臭椿相似，叶子与大麻相似，开白色的花，结红色的果，果肉是紫红色的，洗澡时加入一些这种草，可以治愈瘙痒，还可以治疗浮肿。竹水河从这里发源，并向北流入渭水，河的北岸生长着竹丛，还有很多苍玉。丹水河从这里发源，并向东南方流入洛水，河中有很多水晶和娃娃鱼。有一种野兽，外形和小猪一样，但是长着白色的鬃毛，如簪子一般粗细，鬃毛末端呈黑色，名叫豪猪。

又西百二十里，曰浮山，多盼木一说为槃木。郝懿行案：此经文必不作盼，现已无从考证，枳叶叶有刺针而无伤，木虫居之。有草焉，名曰薰草，麻叶而方茎，赤华而黑实，臭如蘪芜蕙草，佩之可以已疠。

又西七十里，曰羭次之山一说为岐山，漆水出焉《说文》云：漆水出右扶风杜陵县岐山。《水经注》《地理志》均载漆水出右扶风杜陵，与此经同，北流注于渭。其上多棫橿《尔雅·释木》曰：棫，小木，丛生有刺，其下多竹箭，其阴多赤铜，其阳多婴垣之玉袁珂《山海经校注》认为当为婴脰之玉。婴，颈饰也。脰，脖颈也。即系颈之玉。有兽焉，其状如禺而长臂，善投，其名曰嚣猕猴类。有鸟焉，其状如枭，人面而一足，曰橐𪃑音驼肥，或为一种鸮，冬见夏蛰，服穿戴之不畏雷。

又西百五十里，曰时山，无草木。逐水出焉，北海注于渭，其中多水玉。

又西百七十里，曰南山郝懿行案：为终南山，《诗经》载南山在渭水之南，上多丹粟丹砂。丹水出焉，北流注于渭。兽多猛豹郭璞注云：猛豹似熊而小，毛浅有光泽，黑白驳，能食蛇，食铜铁，出蜀中。疑为今大熊猫。郝懿行云：猛豹即貘豹也，鸟多尸鸠布谷鸟。

ゆじむから
といふうき
もあり

嚻：猴类的一种，郭璞注其『亦在畏兽画中，似猕猴投掷也』。

嚻

猛豹：郭璞说这种动物"似熊而小，毛浅有光泽，黑白驳，能食蛇，食铜钱，出蜀中"，疑为人们熟知的大熊猫。

又西四百八十里，曰大时之山郝懿行案：《水经注》载此山在陕西武功县南，距离长安二百里，上多榖柞栎树，落叶乔木，下多杻橿，阴多银，阳多白玉。涔水出焉，北流注于渭。清水出焉，南流注于汉水。

| 译文 |

再往西一百二十里，有座浮山，生有大量的盼树，树叶与枳叶相似，没有刺，不伤人，树干内有寄生虫。有一种草，名叫薰草，叶子与大麻一样，有方形的茎干，开红色的花，结黑色的果，气味似蘼芜，把它戴在身上就能够治愈瘟疫。

再往西七十里，有座羭次山，漆水河从这里发源，并向北流入渭水。山上有大量的棫树、橿树，山下有很多细竹。山的北面有丰富的赤铜矿，山的南面产佩戴在脖子上的玉。有一种野兽，外形和猿猴一样，前臂很长，擅长投掷物体，名叫嚣。有一种鸟，外形和猫头鹰一样，但是长着人脸，而且只有一只脚，名叫橐𢐍，一般冬季出现而夏季蛰伏，披上它的羽毛就不怕雷电。

再往西一百五十里，有座时山。山上没有草木。逐水河从这里发源，并向北流入渭水，河中有很多水晶。

再往西一百七十里，有座南山，山上有很多像粟米一样的红色细砂。丹水河从这里发源，并向北流入渭水。山中的野兽大多是猛豹，鸟类大多是尸鸠。

再往西四百八十里，有座大时山，山上生长着繁茂的构树和柞树，山下生长着茂盛的杻树和檀树。山的北面有大量的银矿，山的南面有丰富的白玉。涔水河从这里发源，向北流入渭水。清水河从这里发源，向南流入汉水。

又西三百二十里，曰嶓冢之山郝懿行案：甘肃秦州西南六十里，汉水出焉，而东南流注于沔；嚣水出焉，北流注于汤水。其上多桃枝钩端均为桃枝竹。《尔雅·释草》曰：凡竹四寸有节者，名桃枝竹。郭璞注曰：钩端，桃枝属，兽多犀、兕、熊、罴似熊而黄白色，猛憨，能爬树，疑棕熊，鸟多白翰白雉、赤鷩。有草焉，其叶如蕙蕙草，兰属，其本根如桔梗，黑华而不实，名曰蓇蓉《尔雅·释草》曰：荣而不实谓之蓇；另《列子·地员篇》载木属有蓇容，郝懿行疑其混淆，今不可考，食之使人无子。

又西三百五十里，曰天帝之山，多棕枏，下多菅蕙。有兽焉，其状如狗，名曰谿边，席其皮者不蛊《史记·封禅书》云：秦德公磔狗邑四门以御蛊。有鸟焉，其状如鹑，黑文而赤翁颈毛，名曰栎，食之已痔。有草焉，其状如葵，其臭如蘪芜，名曰杜衡，可以走马马得之而健走，食之已瘿颈瘤。

西南三百八十里，曰皋涂之山，蔷水出焉，西流注于诸资之水；涂水出焉，南流注于集获之水。其阳多丹粟，其阴多银、黄金，其上多桂木。有白石焉，其名曰礜，可以毒鼠。有草焉，其状如槀茇今作槁茇音拔，一种香草，其叶如葵而赤背，名曰无条，可以毒鼠。有兽焉，其状如鹿而白尾，马足人手而四角，名曰玃如鹿属，或为四角羚，毕沅本作玃如。有鸟焉，其状如鸱而人足，名曰数斯，食之已瘿瘿瘤病，毕沅本作瘿。

又西百八十里,曰黄山应在陕西省,非安徽黄山,无草木,多竹箭。盼水出焉,西流注于赤水,其中多玉。有兽焉,其状如牛,而苍黑大目,其名曰㸿。有鸟焉,其状如鸮猫头鹰的统称,青羽,赤喙,人舌,能言,名曰鹦鹉鹦鹉。

译文

再往西三百二十里,有座嶓冢山,汉水从这里发源,并向东南流入沔水。嚣水河从这里发源,并向北流入汤水。山上生长着大量的桃枝竹、钩端竹,山中的野兽以独角犀牛和熊类为主,鸟类以白雉和赤鷩为主。有一种草,叶子与蕙兰叶相似,根与桔梗相似,开黑色的花,不结果,名叫蓇蓉。人吃了这种草,将会难以生育孩子。

再往西三百五十里,有座天帝山,山上生长着繁盛的棕树和楠树,山下生长有菅茅和蕙兰。有一种野兽,外形像狗,名叫谿边,人们睡在它的皮上就可以预防虫病。有一种鸟,外形像鹌鹑,黑纹、有红色的颈毛,名叫栎,人吃了它的肉可以治愈痔疮。有一种草,外形像葵类,气味跟蘼芜相似,名叫杜衡,马闻到它的味道可以跑得很快,人吃了这种草,就能够治愈颈瘤。

再往西三百八十里,有座皋涂山,蔷水河从这里发源,并向西流入诸资河。涂水河也从这里发源,并向南流入集获河。山的南面有大量的丹砂,山的北面有大量的金银,山上生长着繁密的桂树。有一种白色石头叫礜,能毒杀老鼠。有一种草,外形像槀茇,叶子像葵类的

数斯：一种奇鸟，长得像猫头鹰，脚却和人的脚一样，吃了它的肉据说可以治疗癫痫。

叶子，但是叶背面是红色的，名叫无条，能毒杀老鼠。有一种野兽，外形像鹿，但有白色的尾巴，后脚似马，前脚似人，还长了四只犄角，名叫獜如。有一种鸟，外形像猫头鹰，但是爪子与人的脚相似，名叫数斯，人吃了它的肉就能够治愈瘿瘤病。

再往西一百八十里，有座黄山，山上没有草木，有大量的细竹。盼水河从这里发源，并向西流入赤水，河里有很多玉石。有一种野兽，外形像牛，有青黑色的大眼，名叫䚻。有一种鸟，外形像猫头鹰，有青色的羽毛、红色的鸟喙和人舌，还能够说话，名叫鹦鹉。

又西二百里，曰翠山，其上多棕枏，其下多竹箭，其阳多黄金、玉，其阴多旄牛、羚音灵，似羊而大角，好在山崖间、麝似獐而小，有香，鹿科；其鸟多鸓音磊，其状如鹊，赤黑而两首、四足，可以御火。

又西二百五十里，曰𩠳山一说为青海西宁日月山，是錞郝懿行引《玉篇》：为"埻"字，垒土于西海，无草木，多玉。凄水出焉，西流注于海，其中多采石郭璞注云：采石，石有采色者，雌黄、空青、碧绿之属、黄金，多丹粟。

凡西经之首，自钱来之山至于𩠳山，凡十九山，二千九百五十七里。华山，冢也郝懿行案：此皆山也，言神与冢者，冢大于神，其祠之礼：太牢古代祭祀时牛、羊、猪均为太牢。羭山，神也比冢低一级的祭祀场所，祠之用烛《说文》曰：烛，庭燎火烛也。或为火炬，斋百日以百牺牲纯色为牺，瘗用百瑜美玉，汤热水其酒百樽，婴陈之以环祭也。郝懿行案："婴"或为"盂"以百珪一种长方形的玉。《艺文类聚》引此经作"白圭"百璧一种圆形

旄牛：《北山经》中提到旄牛四肢的关节上都长着毛。郭璞注其「背膝及胡尾皆有长毛」。

而中间有小孔的玉。其余十七山之属,皆毛牷整只牲口用一羊祠之。烛者,百草之未灰,白席一说为百席采等纯之装饰。

| 译文 |

再往西二百里,有座翠山,山上生长着茂盛的棕榈、楠树,山下生长着茂盛的细竹。山的南面有丰富的黄金和玉矿,山的北面有很多的旄牛、羚、麝,鸟类以鸐居多,外形像喜鹊,红黑色的身子,长着两个脑袋、四只爪子,可以用来防火。

再往西二百五十里,有座騩山,此山临西海之滨,没有草木,但有很多玉石。凄水河从这里发源,并向西流入海中,山中有很多五彩石头和黄金矿石,以及大量的丹砂。

上述西方第一条山脉,从钱来山到于騩山,总计十九座山,绵延两千九百五十七里。华山是冢山,祭祀的礼仪要宰杀猪、牛、羊。羭次山是神山,祭祀时要点起火炬,斋戒百天后,用一百头纯色的牲口,连同一百块美玉埋入地下,献上一百樽烫好的酒,环绕陈列一百块珪玉和玉璧。其他十七座山的祭祀,都是用一整只羊做祭品。火炬由草木扎成,没有烧完的时候就称为烛,祭祀时陈列祭品的席用白茅织成,其边缘则是用不同的颜色次递装饰。

西次二经

西次二经之首，曰钤山，其上多铜，其下多玉，其木多杻橿。

西二百里，曰泰冒之山《初学记》引此经作"秦"，一说在山西稷山，其阳多玉，其阴多铁。浴水出焉，东流注于河黄河，其中多藻玉彩色纹理的玉。多白蛇。

又西一百七十里，曰数历之山，其上多黄金，其下多银，其木多杻橿，其鸟多鹦䳇。楚水出焉，而南流注于渭，其中多白珠《华阳国志》云广阳县出青珠，永昌郡博南县有光珠穴，出羌珠，珠有黄、白、青、碧。

又西百五十里，曰高山，其上多银，其下多青碧青色的玉、雄黄鸡冠石，其木多棕，其草多竹。泾水出焉，而东流注于渭，其中多磐石、青碧。

西南三百里，曰女床之山，其阳多赤铜，其阴多石涅古谓画眉石，即石墨，其兽多虎豹犀兕音四。有鸟焉，其状如翟而五彩文翟，山雉而大尾，名曰鸾鸟《说文》云：鸾，神灵之精也，赤色五采，鸡形，鸣中五音，颂声作则，至周成王时，氐羌献鸾鸟，见则天下安宁。

兕：一种异兽，《海内南经》说兕长得像水牛，通身青黑色，长着一只角。

兕

鷽鷟：一种瑞鸟，传说中的五凤之一。常见于古代诗词。《说文解字》："鷽鷟，凤属，神鸟也。从鸟狱声。"

又西二百里，曰龙首之山，其阳多黄金，其阴多铁。苕水出焉，东南流注于泾水，其中多美玉。

又西二百里，曰鹿台之山，其上多白玉，其下多银，其兽多㭰_{音昨}牛、羬_{音前}羊、白豪_{獾猪、狟}。有鸟焉，其状如雄鸡而人面《北堂书钞》"面"作"首"，名曰凫徯_{一说为赤颈鸭}，其鸣《北堂书钞》作"名"自叫也，见则有兵_{战事}。

西南二百里，曰鸟危之山，其阳多磐石，其阴多檀楮_{檀树，《诗经》有"坎坎伐檀兮"；楮，构树，树皮可做纸}，其中多女床_{未详，大概是一种草本植物}。鸟危之水出焉，西流注于赤水，其中多丹粟。

| 译文 |

西方第二条山脉的首座山叫作钤山，山中有丰富的铜矿，山下盛产玉石，树木多为杻树和檀树。

往西二百里，有座泰冒山，山的南面有大量的玉石，山的北面有大量的铁矿。浴水河从这里发源，并向东流入黄河，河中有很多藻玉，还有很多白蛇。

再往西一百七十里，有座数历山，山上有很多黄金矿，山下有很多银矿。山中多是杻树和檀树，鸟类以鹦鹉居多。楚水河从这里发源，并向南流入渭水，河中有很多白珠。

再往西一百五十里，有座高山，山上有丰富的银矿，山下遍布青碧和雄黄。树木多为棕树，草多为竹。泾水河从这里发源，并向东流入渭水，河中有很多磐石和青碧。

ろくろくびりなまくひにりぬすさらろらきらしきすきとふあへもゐちはひやうりおいろ

兔傒：这种鸟的叫声就像是呼喊自己的名字，一旦出现就会有战乱发生。

凫傒

往西南三百里，有座女床山，山的南面有丰富的铜矿，山的北面有丰富的石墨。野兽大多是虎、豹、犀牛、兕。有一种鸟，外形很像山雉，身上有五彩的斑纹，名叫鸾鸟，一旦出现，就预示着天下安定祥和。

再往西二百里，有座龙首山，山的南面有丰富的黄金矿，山的北面有大量的铁矿。苕水河从这里发源，并向东南方流入泾水，河中有很多精美的玉石。

再往西二百里，有座鹿台山，山上盛产白色的玉石，山下有丰富的银矿。野兽大多是柞牛、羬羊、白豪。有一种鸟，外形很像雄鸡，但是长了一张人脸，名叫凫徯，因它的叫声得名，它出现在哪里，哪里就一定会发生战争。

往西南二百里，有座鸟危山，山的南面盛产磐石，山的北面有茂盛的檀树和构树，山坡上随处可见女床草。鸟危河从这里发源，并向西流入赤水，河中有大量红色的细砂。

又西四百里，曰小次之山 在今甘肃兰州附近，其上多白玉，其下多赤铜。有兽焉，其状如猿，而白首赤足，名曰朱厌 白眉长臂猿，见则大兵。

又西三百里，曰大次之山，其阳多垩 似土，色甚白，其阴多碧，其兽多柞牛、麢 音灵 羊。

又西四百里，曰薰吴之山，无草木，多金玉。

又西四百里，曰厎 音旨 阳之山，其木多櫻 带刺的松树 枏 音楠 豫章 樟木，其兽多犀、兕、虎、豹 音卓，"豹"字的变体、柞牛。

又西二百五十里，曰众兽之山，其上多㻬琈之玉，其下多檀楮，

麠羊：《韵会》记载麠羊角卷曲如圆，晚上休息时会找个安全的地方，将大角挂于树上，身体悬起来以避天敌。

靈羊

多黄金，其兽多犀、兕。

又西五百里，曰皇人之山，其上多金玉，其下多青雄黄北宋《图经本草》载：阶州山中有雄黄有青黑色而坚者，名曰熏黄青雄黄。意即此。皇水出焉，西流注于赤水，其中多丹粟。

又西三百里，曰中皇之山，其上多黄金，其下多蕙棠棠梨树。

又西三百五十里，曰西皇之山，其阳多黄金，其阴多铁，其兽多麇、鹿、牦牛。

又西三百五十里，曰莱山，其木多檀楮，其鸟多罗罗，是食人。

凡西次二经之首，自钤山至于莱山，凡十七山，四千一百四十里。其十神者，皆人面而马身。其七神，皆人面牛身，四足而一臂，操杖以行，是为飞兽之神。其祠之，毛用少牢羊、猪为少牢也，白菅为席，其十辈神者，其祠之，毛一雄鸡，钤而不糈音许，毛采郭璞注：言用雄色鸡也。郝懿行引藏经本做"杂色"。

| 译文 |

再往西四百里，有座小次山，山上盛产白玉，山下有丰富的铜矿。有一种野兽，外形很像猿猴，有白色的头和红色的脚，名叫朱厌，它出现在哪里，哪里就一定会发生战争。

再往西三百里，有座大次山，山的南面出产大量的垩土，山的北面散落着很多碧玉，山中的野兽大多为牦牛、麢羊。

再往西四百里，有座薰吴山，山上没有草木，但是有丰富的金矿、玉石。

再往西四百里，有座厎阳山。树木多是刺松、楠树、樟树等，野兽多是犀牛、老虎、豹子、柞牛。

再往西二百五十里，有座众兽山。山上出产彩玉，山下生长着茂密的檀树和构树。有丰富的黄金矿，野兽以犀牛、兕居多。

再往西五百里，有座皇人山，山上有丰富的金属矿和玉石矿，山下盛产青雄黄。皇水河从这里发源，并向西流入赤水河，河中有大量红色的细砂。

再往西三百里，有座中皇山。山上有丰富的黄金矿，山下生长着繁盛的蕙兰、棠梨。

再往西三百五十里，有座西皇山。山的南面有丰富的黄金矿，山的北面有丰富的铁矿。野兽以麋、鹿、柞牛居多。

再往西三百五十里，有座莱山。树木以檀树和构树居多，鸟类多是罗罗鸟，能吃人。

上述西方第二条山脉，从钤山到莱山，共计十七座山，绵延四千一百四十里。其中十座山的山神都是人面马身。另外七座山的山神都是人面牛身，有四只脚，但只长了一只手臂，需要挂拐杖行走，这七位神就是飞兽之神。祭祀它们时，将羊和猪放在白茅编成的供席上做祭品。祭祀其他十位山神时，用一只杂色雄鸡祭祀，只祈祷而不用稻米。

西次三经

西次三经之首,曰崇吾之山一说为柴达木盆地西南之祁曼塔格山,在河之南,北望冢遂山名,南望䍃之泽湖泊名,西望帝之搏兽之山,东望蜿音淹渊。有木焉,员同"圆"叶而白柎音夫,花萼或子房,赤华而黑理,其实如枳淮南为橘,淮北为枳,食之宜子孙。有兽焉,其状如禺而文臂,豹虎郝懿行案:此处或有脱字。《太平御览》引《博物志》云:豹虎当为虎豹,兽名也,似虎若豹,毛可为笔,然则兹兽兼有虎豹之体,故独被斯名矣而善投,名曰举父或作夸父。有鸟焉,其状如凫野鸭,而一翼一目,相得乃飞,名曰蛮蛮比翼鸟,色青赤,不比不能飞,见则天下大水。

西北三百里,曰长沙之山。泚水出焉,北流注于泑音黝,色黑也水,无草木,多青雄黄。

又西北三百七十里,曰不周之山山形有缺,曰不周。《大荒西经》云:有山而不合,名曰不周。《左传》《吕氏春秋》均载不周山在昆仑西北;《汉书·司马相如传》《水经注》均载此山在昆仑西南,按此经当在昆仑西南。北望诸毗蛮蛮：《西次三经》中的蛮蛮是鸟类，只有一只翅膀和一只眼睛，要两只相互依靠才能飞起来。也就是俗话所说的比翼鸟。

比翼鸟

之山，临彼岳崇之山，东望泑_{音悠}泽《汉书·西域传》作"盐泽"，位于敦煌郡，河水黄河之水所潜也郭璞注：河，南出昆仑潜行地下至葱岭出。葱岭即今帕米尔高原，其原源头浑浑泡泡水喷涌之声也。爰有嘉果，其实如桃，其叶如枣，黄华而赤柎，食之不劳忧愁。

又西北四百二十里，曰崃_{音密}山，其上多丹木，员叶而赤茎，黄华而赤实，其味如饴，食之不饥。丹水出焉，西流注于稷泽相传为后稷所葬之地，其中多白玉。是有玉膏《河图玉版》曰：少室山其上有白玉膏，一服即仙矣，其原沸沸汤汤玉膏涌出之貌也，黄帝是食是飨《史记·封禅书》说黄帝（服玉后）登龙于鼎湖，灵化矣。是生玄玉郝懿行案：《礼记·玉藻》云"公侯佩玄玉"，玉膏所出，以灌丹木。丹木五岁，五色乃清光鲜也，五味乃馨滋香也。黄帝乃取崃山之玉荣菁华之玉，而投之钟山之阳。瑾瑜之玉为良最好的，坚栗精密，浊泽而有光。五色发作，以和柔刚。天地鬼神，是食是飨。君子服一说佩戴；一说为服用之，以御不祥。自崃山至于钟山，四百六十里，其间尽泽也另有说四百六十里指泽面宽度，非两山距离。是多奇鸟、怪兽、奇鱼，皆异物焉。

又西北四百二十里，曰钟山一说为今昆仑山，其子曰鼓谓钟山山神之子名叫鼓，其状如人面而龙身，是与钦䲹神名也杀葆江亦神名也于昆仑之阳，帝乃戮之钟山之东曰崟崖。钦䲹化为大鹗，其状如雕，而黑文白首，赤喙而虎爪，其音如晨鹄一说为天鹅，见则有大兵；鼓亦化为鵔鸟，其状如鸱，赤足而直喙，黄文而白首，其音如鹄，见则其邑大旱。

鼓：钟山山神烛阴的儿子，长着人面而龙身，烛阴则是人面蛇身。

| 译文 |

西方第三条山脉的首座山,叫崇吾山。此山在黄河源的南岸,向北可以望见冢遂山,向南可以望见瑶池,向西可以望见搏兽山,向东可以望见蟠渊。有一种树木,有圆形的树叶,白色的花萼,开红色的花,有黑色的纹理,果实像枳,人吃了它就可以多子多孙。有一种野兽,外形像猿,臂膀上长有花纹,尾巴像豹子的,擅长投掷,名叫举父。有一种鸟,外形像野鸭,只有一只翅膀、一只眼睛,靠两只鸟相互扶持才能飞起来,名叫蛮蛮,一旦出现,就预示着要发生大水灾。

往西北三百里,有座长沙山。泚水河从这里发源,并向北流入泑水,山上没有草木,却有很多的青雄黄。

再往西北三百七十里,有座不周山。向北可以望见诸毗山,与岳崇山相邻,向东可以望见泑泽湖,黄河的水就从这里流入地下,源头之水喷薄而出,发出浑浑泡泡的声音。有一种上好的果树,果实像桃子,叶子像枣叶,开黄色的花,但花萼是红色的,人吃了它就可以不再忧愁。

再往西北四百二十里,有座峚山。山长有茂密的丹木,长着圆形的叶子、红色的枝干,开黄色的花,结红色的果实,果实味道与蔗糖很像,人吃了它可以消解饥饿。丹水河从这里发源,并向西流入稷泽湖,河水中有大量白色的美玉。从峚山到钟山,方圆四百六十里都是湖泊。这里生活着大量奇特怪异的鸟兽和鱼类,都是极为罕见的。

再往西北四百二十里,有座钟山。钟山山神之子叫鼓,人面龙身,他曾与钦䲹一起在昆仑山南面杀死了葆江,天帝得知后,将鼓和钦䲹杀死在钟山东面的峣崖。钦䲹死后化作鱼鹰,外形很像雕,有黑色的斑纹和白色的头，红色的鸟喙和虎爪，其叫声与晨鹄很像，它出现在哪里，哪里就会有战争；鼓死后化为一种鵕鸟，其外形很像鸱，红色的鸟腿、长直的鸟喙、黄色的斑纹和白色的头，其叫声与鹄很像，它出现在哪里，哪里就会发生严重的旱灾。

又西百八十里，曰泰器之山。观水出焉李善注《吴都赋》引此经作"灌水"，《吕氏春秋·本味篇》作菫水，西流注于流沙《海内西经》云：流沙出钟山；王逸注《楚辞》云：流沙，沙流而行也。是多文鳐鱼，状如鲤鱼，鱼身而鸟翼，苍文深青色的纹理而白首，赤喙，常行西海郝懿行案：西海已见上文，东海即西海之支流，非东方大海也；古人注《水经注》言凡水之大者，皆曰海，游于东海，以夜飞。其音如鸾鸡，其味酸甘，食之已狂，见则天下大穰丰收。

又西三百二十里，曰槐江之山。丘时之水出焉，而北流注于泑水。其中多蠃音罗母螺类，其上多青雄黄，多藏琅玕、黄金、玉，其阳多丹粟，其阴多采黄金银。实惟帝之平圃，神英招神的名字司掌管之，其状马身而人面，虎文而鸟翼，徇巡行于四海，其音如榴象声词。南望昆仑，其光熊熊，其气魂魂郭璞注云：皆光气炎盛相焜耀之貌。西望大泽，后稷所潜也稷泽；其中多玉，其阴多榣木之有若郝懿行案：当为"瑶木"，榣木上复生若木。北望诸毗，槐一说为槐江；一说为衍文鬼离仑神名居之，鹰鹯或为隼类之所宅也。东望恒山四成山巅叠叠，有穷鬼居之，各在一搏各住在山的一侧。爰有淫水郝懿行案："当是"瑶"也，瑶水即瑶池，其清洛洛水流声。有天神焉，其状如牛，而八足二首马尾，其音如勃皇甲虫类，见则其邑有兵。

西南四百里,曰昆仑之丘一说今阿尔金山,是实惟帝一说实为黄帝之下都天帝都邑之在下者,神陆吾司之。其神状虎身而九尾,人面而虎爪;是神也,司天之九部及帝之囿时掌管天上九域的领地和昆仑山范围的时节。有兽焉,其状如羊而四角,名曰土蝼,是食人。有鸟焉,其状如蜂,大如鸳鸯,名曰钦原,蠚蜇,咬刺鸟兽则死,蠚木则枯。有鸟焉,其名曰鹑鸟郝懿行案:鹑鸟,凤也;《海内西经》云昆仑开明西北皆有凤皇,此是也,是司帝之百服。有木焉,其状如棠,黄华赤实,其味如李而无核,名曰沙棠,可以御水,食之使人不溺。有草焉,名曰薲音频草可做牲畜饲料,其状如葵,其味如葱,食之已劳忧劳。河水黄河出焉,而南流东注于无达郝懿行案:《水经注》"南河又东,右会阿褥大水"当为阿褥达。《西域记》载"阿褥达山西北有大水,北流注牢兰海者也"。赤水出焉,而东南流注于汜今作泛天之水。洋水一说今阿姆河出焉,而西南流注于丑涂之水。黑水一说今疏勒河出焉,而西流于大杅山名。是多怪鸟兽。

又西三百七十里,曰乐游之山。桃水出焉,西流注于稷泽,是多白玉。其中多䱱音滑鱼,其状如蛇而四足,是食鱼。

西水行四百里,曰流沙,二百里至于嬴母之山,神长乘司之神名,是天之九德也《书·皋陶谟》载:宽而栗、柔而立、愿而恭、乱而敬、扰而毅、直而温、简而廉、刚而塞、强而义,彰厥有常,吉哉。其神状如人而豹尾。其上多玉,其下多青石而无水。

译文

再往西一百八十里，有座泰器山。观水河从这里发源，并向西注入流沙。河中有很多文鳐鱼，外形很像鲤鱼，鱼身、鸟翅、深青色的斑纹、白色的头和红色的鸟喙，这种鱼经常从西海游到东海，夜间还会飞行。叫声与鸾鸡相似，肉的味道则酸中带甜，人吃了可以治愈癫狂病。它一出现，就预示天下五谷丰收。

再往西三百二十里，有座槐江山。丘时河从这里发源，并向北流入泑水。丘时河中有大量的蠃母，山上有很多的青雄黄，山中蕴藏着丰富的琅玕石、黄金矿和玉石。山的南面多是丹砂细石，山的北面有丰富的彩金矿石和银矿。这里实际上是天帝的囿苑，由叫作英招的天神掌管着。英招是马身人面，虎纹、鸟翅，经常在四海之内巡行，发出榴一样的声音。向南可以望见昆仑山，那里光照熊熊，气势雄浑；向西可以望见大泽，那是后稷埋葬的地方，大泽中有丰富的玉石，大泽南岸生长着茂密的榣木，在榣木上还能长出若木。向北可以望见诸毗山，山神离仑居住在那里，鹰隼等猛禽也栖居在这里。向东望去，可见恒山山峦叠嶂，有穷神居住在那里，他们各住在山的一侧。有一条淫水河，清澈明净，水声洛洛，水中居住着一位天神，外形像牛，有八只脚、两个头和一条马尾，叫声像勃皇一样，当他出现在哪里，哪里就会有战争发生。

往西南四百里，有座昆仑山。这是天帝在人间的都城，由天神陆吾掌管。陆吾，虎身、九尾、人面、虎爪，主管天上九域的领地和昆仑山苑囿的时节。有一种野兽，外形像羊，但是长着四个犄角，名叫土蝼,它能吃人。有一种禽鸟,外形像蜜蜂,大小与鸳鸯差不多,名叫钦原,它螫到谁,谁就会立刻死去,树木被螫,就会立刻干枯。还有一种禽鸟,名叫鹑鸟,掌管着天帝的服饰、器物。有一种树木,外形像棠梨,开黄色的花,结红色的果,味道与李子相似,但是没有核,名叫沙棠,人吃了它就能够御水而行。有一种草类,外形像冬葵,味道又像葱,吃了它可以消解忧劳。黄河就从这里发源,向南流去又向东汇入无达河。赤水河也从这里向东南流入氾天河。洋水河也从这里向西南流入丑涂河。还有黑水河也从这里向西流入大杅山的湖泊。这座山中有很多罕见的禽鸟野兽。

再往西三百七十里,有座乐游山。桃水河从这里发源,并向西流入稷泽,河中有很多白色的美玉。桃水河中有很多鳟鱼,外形与蛇相似,有四只脚,能够吃鱼。

向西经水路走四百里,有流沙,再过二百里就到了嬴母山。山神长乘掌管此山,他是由九德之气所化生出来的。长乘外形似人但长着豹尾。嬴母山上还有大量的玉石,山下到处是青石,没有水。

又西三百五十里,曰玉山,是西王母郝懿行案:《地理志》云金城郡临羌,西北至塞外有西王母石室,西王母,国名也,见于《竹书纪年》《大戴礼记》,《尔雅·释地》以西王母与觚竹、北户、日下,谓之四荒,是国名无疑。此经与《穆天子传》始以为人名所居也。西王母其状如人,豹尾虎齿而善啸,蓬发戴胜玉制的头饰,是司天之厉及五残掌管灾祸和刑法杀戮。有兽焉,其状如犬而豹文,其角如牛,其名曰狡《周书·土会篇》曰:匈奴狡犬也,巨身四足,其音如吠犬,见则其国大穰。有鸟焉,其状如翟而赤,名曰

狡：一种野兽，长得像普通的狗却长着豹子的斑纹，头上长着牛一样的角，声音像狗叫，出现在哪个国家就会使那里粮食丰收。

狡犬

胜遇，是食鱼，其音如录疑为"鹿"之借字，见则其国大水。

又西四百八十里，曰轩辕之丘《大戴礼记》载黄帝居轩辕之丘，娶西陵氏女，谓之嫘祖氏，无草木。洵水出焉，南流注于黑水，其中多丹粟，多青雄黄。

又西三百里，曰积石之山，其下有石门，河水冒覆盖以西流。是山也，万物无不有焉。

又西二百里，曰长留之山，其神白帝少昊居之。其兽皆文尾，其鸟皆文首。是多文玉石石之多纹理。实惟员神磈音韦氏之宫。是神也，主司反景掌管太阳落山。

又西二百八十里，曰章莪音峨之山，无草木，多瑶碧碧玉。所为甚怪。有兽焉，其状如赤豹，五尾一角，其音如击石，其名曰狰。有鸟焉，其状如鹤，一足，赤文青质而白喙，名曰毕方，其鸣自叫也，见则其邑有讹火妖火。

又西三百里，曰阴山《汉书·司马相如传》载：阴山在昆仑西两千七百里，谓此也。浊浴之水出焉，而南流注于蕃泽，其中多文贝。有兽焉，其状如狸而白首，名曰天狗，其音如榴榴或做猫猫，郝懿行案：猫猫，谓叫声如猫，可以御凶。

又西二百里，曰符惕音荡之山《太平御览》引此经作"符阳之山"，其上多棕枏，下多金玉，神江疑居之。是山也，多怪雨，风云之所出也。

狰：外形像赤色的豹子，五尾一角，叫声像敲击石头的声音。

毕方：独脚鸟，长得像鹤，羽毛为青色，有红色的斑纹和白色的喙，是大火之兆。在《神异经》《淮南子》《韩非子》等古籍中均有记载。

毕方鸟

天狗：一种像狸猫而头部白色的野兽，是御凶的吉兽。《太平御览》曾描写天狗保护居民免受贼人的侵害的事迹。《事物绀珠》则说天狗会吃蛇。

天狗

| 译文 |

　　再往西三百五十里，有座玉山，是西王母居住的地方。西王母外形与人一样，但长着豹尾、虎牙，并且经常发出啸声，蓬着头发，佩戴玉质的首饰，它掌管着灾祸和刑法杀戮。有一种野兽，外形像狗，但长着豹纹、牛角，名叫狡，发出的叫声同狗叫一样，它出现在哪里，哪里就会粮食丰收。有一种禽鸟，外形像野鸡，羽毛是红色的，名叫胜遇，能吃鱼，叫声听起来像鹿鸣，它出现在哪里，哪里就会发生严重的水灾。

　　再往西四百八十里，有座轩辕山，山上没有草木。洵水河从这里发源，并向南流入黑水，河中有大量的丹砂，也有很多青雄黄。

　　再往西三百里，有座积石山，山下有巨大的石门。黄河水穿过这道石门向西流去。这座山中物产丰富，无所不有。

　　再往西二百里，有座长留山。这是天神白帝少昊居住的地方。山中的野兽都长着五彩斑纹的尾巴，鸟都长着五彩斑纹的头，这里出产大量带有彩纹的石块。这里实际上是日神魂氏的宫殿。他掌管日落时把影子折向东方。

　　再往西二百八十里，有座章莪山。山上没有草木，但有大量的碧玉。山中玉石夹杂，多有奇异非常之物。有一种野兽，外形像豹，但长有五条尾巴，一个角，发出的声音就像是在敲击石头，名字叫作狰。有一种禽鸟，外形像鹤，但只长了一条腿，还有红色的斑纹、青色的躯体和白色的鸟喙，名叫毕方，它的名字因他的叫声而得。它出现在哪里，哪里就会发生奇怪的火灾。

　　再往西三百里，有座阴山。浊浴河从这里发源，并向南流入蕃泽湖，河中有很多彩色的贝壳。有一种野兽，外形像狸猫，但是长着白色的脑袋，名叫天狗，叫声与猫叫声相似，人们养着它就能够抵御凶邪的事。

再往西二百里，有座符惕山，山上生长着茂盛的棕树、楠树，山下储藏着丰富的金矿和玉矿。天神江疑居住在这里。这座山阴晴不定，常下怪雨，风和云就产生于这里。

又西二百二十里，曰三危之山一说在敦煌西南，三青鸟居之三青鸟主为西王母取食者，别自栖息于此山也。青鸟之名见《大荒西经》，为西王母取食见《海内北经》。是山也，广员百里。其上有兽焉，其状如牛，白身四角，其豪如披蓑，其名曰㺊狼音救狼，是食人。有鸟焉，一首而三身，其状如鸦音落，一说为雕，其名曰鸱。

又西一百九十里，曰騩音归山，其上多玉而无石。神耆音奇童颛顼之子居之，其音常如钟磬。其下多积蛇。

又西三百五十里，曰天山颜师古注《汉书》曰为祁连山，匈奴语天为祁连，今鲜卑语尚然；《史记正义》引《括地志》云天山，一名白山，今名折罗漫山，在伊吾县北百二十里，多金玉，有青雄黄，英水出焉，而西南流注于汤谷。有神焉，其状如黄囊黄色口袋，赤如丹火，六足四翼，浑敦混沌无面目，是识歌舞，实为帝江也。

又西二百九十里，曰泑音凹山，神蓐收居之《晋语》载：虢公梦有神，人面、白毛、虎爪，执钺，史官曰蓐收，天之刑神。其上多婴脰音豆之玉，其阳多瑾瑜之玉，其阴多青雄黄。是山也，西望日之所入，其气员圆，形容太阳的形状，神红光之所司也。

西水行百里，至于翼望之山，无草木，多金玉。有兽焉，其状如狸，

はるがくと
なづくはや

鶉
鶉：鷹赤首曰鶉。

大山を神にうり目
らく欲舞をて
こえとなうく

帝江：在其他古籍上，帝江还有另外一个名字叫混沌（浑沌），如《庄子》中记载了「七窍出而浑沌死」的故事，形象非常接近《山海经》中的帝江。而明代胡文焕在《山海经图》中也称其为「混沌」。

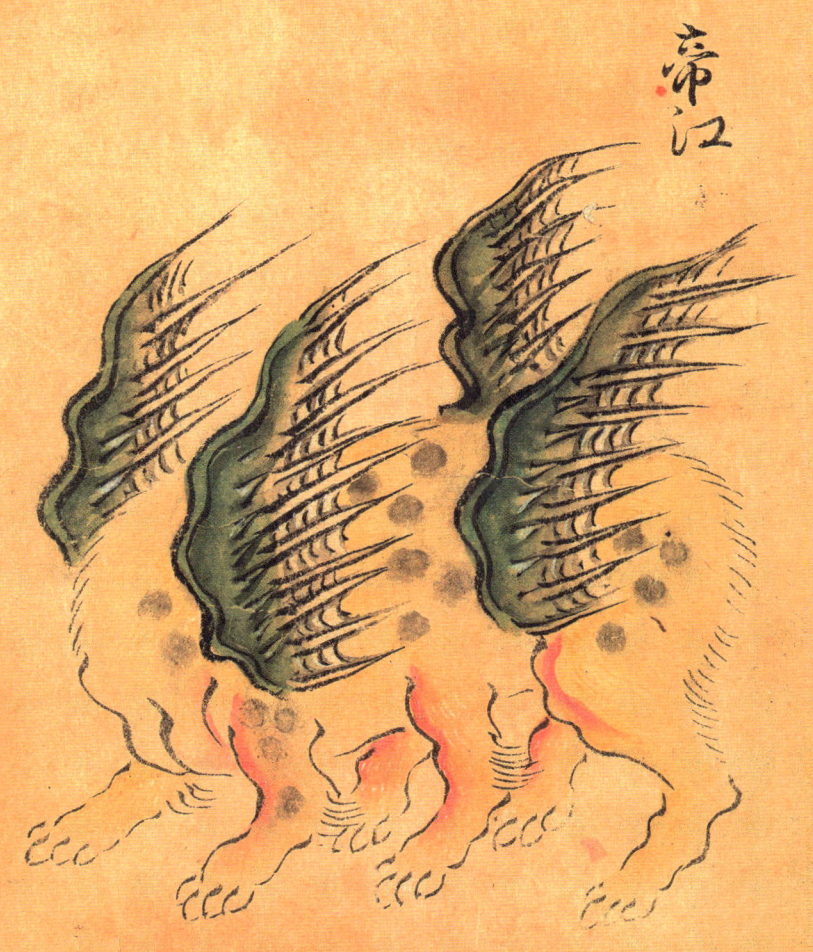

帝江

鵺鶓

鵺鶓：长得像乌鸦，有三个脑袋、六条尾巴，五彩而赤纹，能御凶，吃了它的肉还能使人不做噩梦。

一目而三尾，名曰讙音欢，其音如夺百声郝懿行案：或为"夺"字，言其能作百种物声也，是可以御凶，服之已瘅黄疸病。有鸟焉，其状如乌，三首六尾而善笑喜欢鸣叫，名曰鵸鵌，服之使人不厌不梦魇，又可以御凶。

凡西次三经之首，崇吾之山至于翼望之山，凡二十三山，六千七百四十四里。其神状皆羊身人面。其祠之礼：用一吉玉彩玉瘗，糈用稷米。

| 译文 |

再往西二百二十里，有座三危山，三青鸟栖居在这里。这座山方圆百里。山中有一种野兽，外形像牛，身体呈白色，有四个犄角，毛又长又密，就像披了一件蓑衣，名叫獓洇，能吃人。有一种鸟，长着一个脑袋和三个身体，外形像雕，名叫鸱。

再往西一百九十里，有座騩山，山上有着大量的玉，没有石头。天神耆童居住在这里，它的声音就像洪钟一般。山下到处可见盘堆的蛇。

再往西三百五十里，有座天山，山上有很多的金矿玉石，也有青雄黄。英水河从这里发源，并向西南流入汤谷。山中居住着一位天神，通体像一个黄色的口袋，能够发出火一样红的光芒，它有六只脚、四只翅膀，面目混沌不清，精通歌舞，这神就是帝江。

再往西二百九十里，有座泑山。天神蓐收居住在这里。山上有很多适合戴在脖子上的玉，山的南面有大量的美玉，山的北面有大量的青雄黄。从这座山向西望去，可以看见日落的地方，气象雄浑壮阔，是天神红光掌管的地方。

再往西经水路走一百里，便到了翼望山，山上没有草木，但到处都是金属矿和玉石。有一种野兽，外形像狸猫，有一只眼睛、三条尾巴，名叫讙，能模仿百种动物鸣叫的声音，它能够抵御凶邪，人吃了它的肉还能够治愈黄疸病。有一种禽鸟，外形像乌鸦，有三个脑袋、六条尾巴，经常不停地鸣叫，名叫鵸䳜，人穿上其羽毛织成的衣服，就可以远离梦魇，也可以辟凶。

上述西方第三条山脉，从崇吾山到翼望山，共计二十三座山，绵延六千七百四十四里。诸山山神都是羊身人面。祭祀的礼仪，是将一块彩色的美玉埋入地下，并选用稷米作为祀神的精米。

西次四经

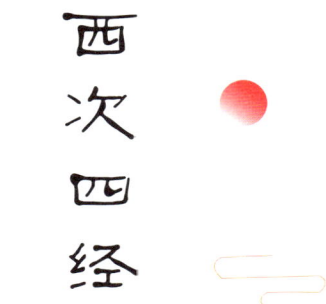

西次四经之首，曰阴山，上多榖，无石，其草多茆、蕃茆即凫葵，郭璞注云：茆，凫葵也。阴水出焉，西流注于洛。

北五十里，曰劳山，多茈草即紫草。弱水出焉，而西流注于洛。

西五十里，曰罢父之山。洱水出焉，而西流注于洛，其中多茈、碧。

北百七十里，曰申山，其上多榖柞构树和柞树，其下多杻橿杻树和橿树，其阳多金玉。区音鸣水出焉，而东流注于河黄河。

北二百里，曰鸟山，其上多桑，其下多楮，其阴多铁，其阳多玉。辱水出焉，而东流注于河。

又北二十里，曰上申之山，上无草木，而多硌音洛石大石块，下多榛楛音户，榛树和荆树，兽多白鹿。其鸟多当扈，其状如雉，以其髯长毛飞，食之不眴音炫目郝懿行案：目摇也。头晕眼花，一说为眨眼。汤水出焉，东流注于河。

又北八十里，曰诸次之山，诸次之水出焉，而东流注于河。是山也，多木无草，鸟兽莫居，是多众蛇。

又北百八十里，曰号山，其木多漆、棕，其草多药、虈、芎藭白芷和川芎一类的药材。多泠音干，同"淦"石一说即滑石。端水出焉，而东流注于河。

又北二百二十里，曰盂山，其阴多铁，其阳多铜，其兽多白狼白虎相传周穆王伐犬戎，得四白狼白虎。此皆祥瑞之兽，其鸟多白雉白翟或做白翠。郝懿行案：雉、翟一物二种，白翟当为白翠。生水出焉，而东流注于河。

西二百五十里，曰白於之山，上多松柏，下多栎檀栎树和檀树，其兽多㸲牛、羬羊，其鸟多鸮。洛水出于其阳，而东流注于渭；夹水出于其阴，东流注于生水。

|译文|

西方第四条山脉的首座山，叫阴山。山上到处生长着构树，没有石头，山中的草类以莸菜、青薠居多。阴水河从这里发源，并向西流入洛水之中。

向北五十里，有座劳山，长有很多紫草。弱水河从这里发源，并向西流入洛水之中。

往西五十里，有座罢父山，洱水河从这里发源，并向西流入洛水河，河中有很多紫石和青石。

往北一百七十里，有座申山，山上长着很多构树和柞树，山下则有茂密的杻树和橿树。山的南面储藏着大量的金矿和玉。区水河从这里发源，并向东流入黄河。

向北二百里，有座鸟山，山上长着繁密的桑树，山下长着茂盛的楮树，山的北面有大量的铁矿，而南面有丰富的玉石。辱水河从这里发源，并向东流入黄河。

再向北二十里，有座上申山，山上没有草木，但有很多巨大的石块，山下有茂密的榛树和楛树，林中野兽以白鹿为主。山中的鸟类以当扈居多，其外形像山鸡，主要靠身上的长毛来飞行，人吃了它的肉就能一直不眨眼。汤水河从这里发源，并向东流入黄河。

再往北八十里，有座诸次山。诸次河就从这里向东流入黄河。诸次山树木很多却没有草，也没有任何飞鸟野兽，但有很多蛇。

再往北一百八十里，有座号山。树木以漆树、棕树为主，草类则以白芷、蘼草、芳芎居多，山上有很多的滑石。端水河从这里发源，并向东流入黄河。

再往北二百二十里，有座盂山。山的北面有丰富的铁矿，山的南面有大量的铜矿。野兽以白狼、白虎居多，鸟类以白雉、白翠居多。生水河从这里发源，并向东流入黄河。

向西二百五十里，有座白於山。山上有茂密的松树和柏树，山下有繁盛的栎树和檀树。野兽以牦牛、羬羊居多，鸟类以鸮为主。洛水河从山的南面向东流入渭水；夹水河从山的北面向东流入生水河。

西北三百里，曰申首之山一说为宁夏约大罗山；郝懿行案：当在今陕西榆林府北，塞外地，极高寒，无草木，冬夏有雪。申水出其上，潜于其下，是多白玉。

又西五十五里，曰泾谷之山，泾水出焉，东南流注于渭，是多白金白玉白金，银也。

又西百二十里，曰刚山，多柒木漆木，多㻬琈之玉。刚水出焉，北流注于渭。是多神魃音赤，《说文》曰：厉鬼也，其状人面兽身，一足一手，其音如钦打哈欠。

又西二百里，至刚山之尾，洛水出焉，而北流注于河。其中多蛮蛮此处应为水獭，非前文所提蛮蛮，其状鼠身而鳖首，其音如吠犬。

又西三百五十里，曰英鞮之山《尔雅·释玉》作英靴山，上多漆木，下多金玉，鸟兽尽白《史记·封禅书》云：蓬莱、方丈、瀛洲，此三神山，其物禽兽尽白。涴水出焉，而北流注于陵羊之泽。是多冉遗之鱼一说为蝾螈科，鱼身蛇首六足，其目如马耳，食之使人不眯不做噩梦，可以御凶。

又西三百里，曰中曲之山，其阳多玉，其阴多雄黄、白玉及金。有兽焉，其状如马，而白身黑尾，一角，虎牙爪，音如鼓音，其名曰駮，是食虎豹，可以御兵刀剑伤不了它。有木焉，其状如棠，而员叶赤实，实大如木瓜，名曰櫰木槐树，食之多力身体强壮。

| 译文 |

向西北三百里，有座申首山，山上没有草木，常年积雪覆盖。申水河从山上发源，潜流到地下。这座山里盛产白色的美玉。

再往西五十五里，有座泾谷山，泾水河从这里发源，并向东南流入渭水。这里有大量的白银矿和白玉。

再往西一百二十里，有座刚山，山上长着茂密的漆树，还有大量彩玉。刚水河从这里发源，并向北流入渭水。这座山中有很多神魃，神魁：人面兽身，一手一足，声音像人在打哈欠。郭璞又云："神，亦魑魅之类也。"

かうじんきんとつといふものあり

神魅

駮：《西次四经》中提到駮有一只角，但是在《海外北经》中未提及，《尔雅》《周书》上也未记载有角。

駮

人面兽身，长着一只脚一只手，叫声与人的呻吟声相似。

再往西二百里，就到了刚山的余脉，洛水河从这里发源，并向北流入黄河。河中有很多蛮蛮，鼠身鳖头，发出的声音就像狗叫一样。

再往西三百五十里，有座英鞮山，山上长着繁茂的漆树，山下有丰富的金矿和玉，这里的鸟类和野兽都是白色的。涴水河从这里发源，并向北流入陵羊湖中。河中有很多名叫冉遗的鱼，有鱼的身躯、蛇的头，六只脚，眼睛就像马耳一样。人吃了它的肉就不再做噩梦，还可以抵御凶邪的侵袭。

再往西三百里，有座中曲山，山的南面有丰富的玉矿，山的北面有丰富的雄黄、白玉和金矿。有一种野兽，外形与马相似，白身黑尾，长着一个犄角，牙齿和爪子像是老虎的，叫声如鼓，名叫駮，它能吞噬虎豹，任何兵器都伤不了它。有一种树木，外形与棠梨相似，有圆形的树叶，结红色的果实，果实大小与木瓜相似，名叫櫰树，人吃了它就会身强体壮。

又西二百六十里，曰邽音圭山。其上有兽焉，其状如牛，蝟毛蝟，同"猬"，名曰穷奇，音如嗥狗，是食人。濛水出焉，南流注于洋水，其中多黄贝，蠃鱼飞鱼，鱼身而鸟翼，音如鸳鸯，见则其邑大水。

又西二百二十里，曰鸟鼠同穴之山，其上多白虎、白玉。渭水出焉，而东流注于河。其中多鳋音骚鱼鲟类，其状如鳣音沾鱼中华鲟之古称，动则其邑有大兵郝懿行引《太平御览》作动物能感应兵祸解。滥水出于其西，西流注于汉水。多𩶯魮音如皮之鱼，亦为鲟科，其状如覆铫覆，倒置；铫，音吊，温水器皿，类似壶，鸟首而鱼翼鱼尾，音如磬石之声，是生珠玉。

西南三百六十里,曰崦嵫音烟滋之山王逸注:《离骚》"望崦嵫而勿迫"云"崦嵫,日所入山也;下有蒙水,水中有虞渊",其上多丹木,其叶如榖,其实大如瓜,赤符郝懿行案:"符"疑为"柎"字,花萼而黑理,食之已瘅,可以御火。其阳多龟,其阴多玉。苕水出焉,而西流注于海,其中多砥砺磨刀石,《本草图经》注为桃花石古名。有兽焉,其状马身而鸟翼,人面蛇尾,是好举人,名曰孰湖。有鸟焉,其状如鸮而人面,蜼音畏,猕猴属身犬尾,其名自号也,见则其邑大旱。

凡西次四经,自阴山以下,至于崦嵫之山,凡十九山,三千六百八十里。其神祠礼,皆用一白鸡祈,糈以稻米,白菅为席。

右西经之山,凡七十七山,一万七千五百一十七里。

译文

再往西二百六十里,有座邽山,山上有着一种野兽,外形与牛相似,有刺猬一样的粗毛,名叫穷奇,叫声像狗,能吃人。蒙水河从这里发源,并向南流入洋水河,河中生活着大量的黄贝、蠃鱼。蠃鱼有鱼的身躯、鸟的翅膀,发出的声音就像是鸳鸯鸣叫,它出现在哪里,那里就会遭遇严重的水灾。

再往西二百二十里,有座鸟鼠同穴山,山上有很多白虎、白玉。渭水河从这里发源,并向东流入黄河。河中生活着大量的鳋鱼,外形像鳣鱼,它出现在哪里,哪里就会有战乱。滥水河从渭水河西边的一处地方发源,向西流入汉水。滥水河中生活着大量的䱨鱼,外形看起来就像是倒置的壶,鸟头,有鱼鳍、鱼尾,叫声像敲击磬石,这种鱼

穷奇：食人的凶兽。《西次四经》中描绘其长得像牛，叫声像狗，有刺猬一样的粗毛，但《海内北经》中记载穷奇长得像虎，有一双翅膀。

窮奇

能够吐出珍珠宝玉。

往西南三百六十里，有座崦嵫山，山上有繁茂的丹木，其树叶与构树叶相似，果实像西瓜一样，红色的花萼和黑色的纹理，人吃了它就可以治愈黄疸，还可以防火。山的南面有很多土鳖，山的北面有大量的玉石。苕水河从这里发源，并向西流入西海，河中有很多磨刀石。有一种野兽，马身、鸟翅、人面、蛇尾，它喜欢把人举起来，名叫孰湖。有一种鸟，外形像鸮，人面、猴身、狗尾，因它的叫声就是自己的名字，它出现在哪里，哪里就会遭遇严重的旱灾。

上述西方第四条山脉从阴山开始，直到崦嵫山，共计十九座山，绵延三千六百八十里。祭祀诸山山神的礼仪，都是用一只白色的鸡作为祭物，选用稻米作为祀神用的米，用白茅编成的席子作为供席。

以上就是西方诸山，总计七十七座山，绵亘一万七千五百一十七里。

卷三 北山经

北山经

北山经之首，曰单狐之山<u>一说为今宁夏贺兰山</u>，多机木<u>即桤木树</u>，其上多华草<u>一说为葭，但非山上之草；《吕氏春秋》谓：华草独食之则杀人，合而食之则益寿</u>。漨<u>音逢</u>水出焉，而西流注于泑水，其中多芘石、文石<u>有纹理的石</u>。

又北二百五十里，曰求如之山，其上多铜，其下多玉，无草木。滑水出焉，而西流注于诸𣱵之水。其中多滑鱼，其状如鱓<u>鳝鱼</u>，赤背，其音如梧<u>《庄子·齐物论》作梧琴，即琴瑟之声</u>，食之已疣<u>疣赘病</u>。其中多水马，其状如马，文臂牛尾，其音如呼。

又北三百里，曰带山，其上多玉，其下多青碧。有兽焉，其状如马，一角有错<u>通"厝"，磨刀石</u>，其名曰䑏<u>音欢</u>疏，可以辟火。有鸟焉，其状如乌，五采而赤文，名曰鵸䳜，是自为牝牡，食之不疽<u>疽病</u>。彭水出焉，而西流注于芘湖之水，其中多鯈<u>音条</u>鱼<u>白色小鱼</u>，其状如鸡而赤毛，三尾、六足、四目，其音如鹊，食之可以已忧。

又北四百里,曰谯明之山,谯水出焉,西流注于河。其中多何罗之鱼,一首而十身,其音如吠犬,食之已痈痈瘘。有兽焉,其状如貆音环,豪猪也而赤豪,其音如榴榴,名曰孟槐,可以御凶。是山也,无草木,多青雄黄。

又北三百五十里,曰涿光之山,嚣水出焉,而西流注于河。其中多鰼鰼音习习之鱼,其状如鹊而十翼,鳞皆在羽端,其音如鹊,可以御火,食之不瘅音旦。其上多松柏,其下多棕橿,其兽多麢羊,其鸟多蕃鸟,也作枭。

| 译文 |

北方第一条山脉的首座山,叫作单狐山,山中有很多桤木树,还有很多华草。滽水河从这里发源,并向西流入泑水河,河中有很多紫石,还有很多漂流的带天然纹路的石块。

再往北二百五十里,有座求如山。山上有丰富的铜矿,山下有很多玉石,山中没有草木。滑水河从这里发源,并向西流入诸毗河。河中有大量的滑鱼,外形像鳝鱼,鱼背是红色的,发出的声音像弹奏琴瑟,人吃了这种鱼可以治疗疣赘病。河中还有很多水马,外形和普通的马相似,但前腿生有花纹,尾巴与牛尾一样,会发出人的呼喊声。

再往北三百里,有座带山。山上有很多玉石,山下有很多青碧玉石。有一种野兽,外形像马,长了一只像厝石般的角,名叫臛疏,可以避火。有一种鸟,外形像乌鸦,但有五彩羽毛和红色的斑纹,名叫鹈鹕,这种鸟是雌雄同体,人吃了它的肉不得痈疽病。彭水河从这里发源并向

孟槐：形似豪猪，长有红色的毛，叫声像猫，可抵御凶险。

猛槐

西流入洈湖。河中有大量的䱤鱼，外形像鸡，还长着红色的羽毛，生有三条尾巴、六条腿和四只眼睛，叫声像喜鹊，人吃了它就会解除忧劳。

再往北四百里，有座谯明山，谯水河从这里发源，并向西流入黄河。水中有大量的何罗鱼，这种鱼长有一个头和十条鱼身，声音如同狗叫，人吃了它可以治愈痈病。有一种野兽，外形像豪猪，有红色的毛，发出的声音像猫叫，名叫孟槐，能够抵御凶邪。这座山没有草木，但有很多青雄黄。

再往北三百五十里，有座涿光山。嚣水河从这里发源，并向西流入黄河。水中有很多鰼鰼鱼，外形像喜鹊，有十只翅膀，鱼鳞都长在羽毛上面，声音如同喜鹊的鸣叫，可以躲避火灾，人吃了它不得黄疸病。山上有繁密的松树和柏树，山下有棕树和橿树；野兽以麢羊为主，鸟类则以鸦居多。

又北三百八十里，曰虢山 一说为今内蒙古卓资山，其上多漆，其下多桐椐，其阳多玉，其阴多铁。伊水出焉，西流注于河。其兽多橐驼 骆驼，其鸟多寓 蝙蝠，状如鼠而鸟翼，其音如羊，可以御兵。

又北四百里，至于虢山之尾，其上多玉而无石。鱼水出焉，西流注于河，其中多文贝。

又北二百里，曰丹熏之山，其上多樗柏 樗树和柏树，其草多韭䪥 音谢。山野菜，多丹雘 音戎。一种颜料。熏水出焉，而西流注于棠水。有兽焉，其状如鼠，而菟 同兔首麋耳，其音如獆犬 通嗥，以其尾飞，名曰耳鼠，食之不睬 音采。大腹也，或为腹胀病，又可以御百毒。

又北二百八十里，曰石者之山，其上无草木，多瑶碧《藏经本》作

耳鼠：兔头、鹿耳，声音如同狗叫，能靠尾巴飞行。郭璞称其「奇哉耳鼠，厥皮惟良，百毒是御」。

耳鼠

"玉碧",一说为孔雀石。泚水出焉,西流注于河。有兽焉,其状如豹,而文题额头白身,名曰孟极,是善伏,其鸣自呼。

又北百一十里,曰边春之山《穆天子传》有春山,即钟山也,多葱山葱,郭义恭《广志》云休循国居葱领,其山多大葱、葵、韭、桃、李。杠水出焉,而西流注于泑泽。有兽焉,其状如禺狝猴而文身,善笑,见人则卧假寐,名曰幽鴳音厄,其鸣自呼。

| 译文 |

再往北三百八十里,有座虢山。山上有漆树,山下有梧桐和椐树。山的南面分布有玉石,山的北面有丰富的铁矿。伊水河从这里发源,并向西流入黄河。山间的野兽以骆驼为主,鸟类多是蝙蝠,外形像老鼠,但长着鸟的翅膀,声音如同羊叫,带着它可以抵御兵灾。

再往北四百里,是虢山的余脉,这里盛产玉,没有其他的石头。鱼水河从这里发源,并向西流入黄河。水中有大量的有带斑纹的贝类。

再往北二百里,有座丹熏山。山上有繁密的樗树和柏树,山间都是山野菜,还有大量的丹雘。熏水河从这里发源,并向西流入棠水河。这里有一种野兽,外形像老鼠,兔头、鹿耳,声音如同狗叫,能靠它的尾巴起飞,名叫耳鼠,人吃了它可以治愈腹胀,百毒不侵。

再往北二百八十里,有座石者山,山上没有草木,但有大量瑶碧之类的美玉。泚水河从这里发源,并向西流入黄河。有一种野兽,外形像豹,额上有斑纹,身体是白色的,名叫孟极,这种动物善于隐藏,因叫声而得其名。

再往北一百一十里，有座边春山。山上有很多山葱、冬葵、韭菜、山桃、山李子等。杠水河从这里发源，并向西流入泑泽湖。有一种野兽，外形像猕猴，身有斑纹，经常大笑，但看见人就装作睡觉，名叫幽鴳，因叫声而得其名。

又北二百里，曰蔓联之山，其上无草木。有兽焉，其状如禺而有鬣鬃毛，牛尾、文臂、马蹄，见人则呼，名曰足訾音资，其鸣自呼。有鸟焉，群居而朋飞，其毛如雌雉，名曰䴅音交，其鸣自呼，食之已风风痹病。

又北百八十里，曰单张之山一说为阿尔泰山，其上无草木。有兽焉，其状如豹而长尾，人首而牛耳，一目，名曰诸犍，善咤咆哮，行则衔其尾，居则蟠同盘其尾。有鸟焉，其状如雉，而文首、白翼、黄足，名曰白鵺音夜，食之已嗌痛咽喉痛，可以已痸音赤。痴傻。栎水出焉，而南流注于杠水。

又北三百二十里，曰灌题之山，其上多樗柘音出这。其下多流沙，多砥磨刀石。有兽焉，其状如牛而白尾，其音如訆音叫。郭璞注：如人呼唤，名曰那父。有鸟焉，其状如雌雉而人面，见人则跃，名曰竦斯，其鸣自呼也。匠韩之水出焉，而西流注于泑泽，其中多磁石。

又北二百里，曰潘侯之山，其上多松柏，其下多榛楛音户，其阳多玉，其阴多铁。有兽焉，其状如牛，而四节关节生毛，名曰旄牛。边水出焉，而南流注于栎泽。

又北二百三十里，曰小咸之山，无草木，冬夏有雪。

北二百八十里，曰大咸之山，无草木，其下多玉。是山也，四方，

竦斯：人面鸟，见人就跳起来，因叫声而得名。《骈雅》说竦斯是雄鸡一类的鸟。

竦斯

不可以上。有蛇名曰长蛇，其毛如彘豪野猪，其音如鼓柝古代打更用的梆子。

又北三百二十里，曰敦薨之山《水经注》载：敦薨之山在匈奴以西，乌孙以东，其上多棕枬，其下多茈草。敦薨之水出焉，而西流注于泑泽一说为蒲昌海。出于昆仑之东北隅，实惟河原黄河的源头。其中多赤鲑，其兽多兕、旄牛，其鸟多尸鸠。

又北二百里，曰少咸之山，无草木，多青碧。有兽焉，其状如牛，而赤身、人面、马足，名曰窫窳音讶语，其音如婴儿，是食人。敦水出焉，东流注于雁门之水，其中多鲺鲺音贝之鱼江豚，食之杀人。

又北二百里，曰狱法之山，瀤音怀泽之水出焉，而东北流注于泰泽。其中多䲃鱼音早鱼鲇鱼的一种，其状如鲤而鸡足，食之已疣。有兽焉，其状如犬而人面，善投，见人则笑，其名山𤟤音辉。或为长臂猿，其行如风，见则天下大风。

| 译文 |

再往北二百里，有座蔓联山，山上没有草木。有一种野兽，外形像禺，长有鬣毛，尾巴像牛尾，前腿有斑纹，蹄子与马蹄相似，看见人就发出呼呼的声音，名叫足訾，因其叫声而得名。有一种鸟，它们喜欢群居，总是并肩飞行，羽毛跟雌山雉差不多，名叫鵁，因其叫声而得名，人吃了它的肉就可以治愈风痹。

再往北一百八十里，有座单张山，山上没有草木。有一种野兽，外形像豹，长着长尾巴，人头牛耳，只有一只眼睛，名叫诸犍，这种动物经常吼叫，行走时会叼着自己的尾巴，睡觉时又会把尾巴盘起来。有一种鸟，外形如同雉鸡，头有斑纹、白色翅膀、黄色的脚，名叫白䴇，人吃了它可以治愈咽喉痛，也可以治痔症。栎水河从这里发源，向南流入杠水河中。

再往北三百二十里，有座灌题山，山上生长着繁密的樗树和柘树，山下有流动的沙丘和磨刀石。有一种野兽，外形像牛，长着白色的尾巴，发出的声音像人在呼叫，名叫那父。有一种鸟，外形像雌山雉，长着像人一样的脸，它们看见人就飞快地跳走，名叫竦斯，因其叫声而得名。匠韩河从这里发源，向西流入泑泽湖中，河床中有很多磁石。

再往北二百里，有座潘侯山，山上有很多松树和柏树，山下有很多榛树和楛树，山的南面盛产玉石，山的北面储藏有丰富的铁矿。有一种野兽，外形像牛，但四条腿的关节处都长着绒毛，名叫旄牛。边水河从这里发源，向南流入栎泽湖。

再往北二百三十里，有座小咸山，山上没有草木，常年积雪。

再往北二百八十里，有座大咸山，山上没有草木，山下盛产玉石。这座山呈四方形，人很难攀爬上去。有一种蛇，名叫长蛇，长着野猪似的长毛，叫声就像敲梆子的声音。

再往北三百二十里，有座敦薨山，山上生长着繁密的棕树和楠树，山下遍布着紫草。敦薨河从这里发源，并向西流入泑泽湖。这条河源起昆仑山的东北角，乃是黄河的源头。河中生活着大量的赤鲑。山中的野兽以独角犀牛、旄牛居多，鸟类以尸鸠居多。

再往北二百里，有座少咸山，山上没有草木，但分布着大量的青碧石。有一种野兽，外形像牛，躯体呈红色，人脸、马脚，名叫窫窳，叫声音如同婴儿啼哭，能吃人。敦水河从这里发源，并向东流入雁门河。敦水河中有大量的䰽䰽鱼，人吃了这种鱼就会中毒而亡。

再往北二百里，有座狱法山。瀤泽河从这里发源，并向东北流入泰泽湖。瀤泽河中生活着大量的䱉鱼，外形像鲤鱼，鸡爪，人吃了它可以治愈疣病。有一种野兽，外形像狗，长着人一样的脸，善于投掷物体，它一看到人就会发出笑声，名叫山狪，这种动物奔跑起来就像风一样迅疾，一旦出现，就刮起大风。

又北二百里，曰北岳之山，多枳棘刚木檀柘之属。有兽焉，其状如牛，而四角、人目、彘耳，其名曰诸怀，其音如鸣雁，是食人。诸怀之水出焉，而西流注于嚣水，其中多鮨音易鱼，鱼身而犬首，其音如婴儿，食之已狂。

又北百八十里，曰浑夕之山，无草木，多铜玉。嚣水出焉，而西北流注于海。有蛇一首两身，名曰肥遗郝懿行案：《管子》做"委蛇"，见则其国大旱。

又北五十里，曰北单之山，无草木，多葱韭。

又北百里，曰罴差之山，无草木，多马或为今蒙古野马。

又北百八十里，曰北鲜之山，是多马。鲜水出焉，而西北流注于涂吾之水。

又北百七十里，曰隄山，多马。有兽焉，其状如豹而文首，名曰狕音咬。一说为金钱豹。隄水出焉，而东流注于泰泽，其中多龙龟郝懿行案：龙、龟二物也；或是一物，疑即吉吊也，龙种龟身，故曰龙龟。

凡北山经之首，自单狐之山至于隄山，凡二十五山，五千四百九十里，其神皆人面蛇身。其祠之，毛用一雄鸡彘瘗，吉玉用一珪，瘗而不糈。其山北人，皆生食不火之物。

译文

再往北二百里，有座北岳山。山上生长着茂密的枳树、酸枣树和檀、柘一类的树。有一种野兽，外形像牛，长有四只角、人眼睛和猪耳朵，名叫诸怀，它的叫声就像大雁的鸣叫声，这种野兽能够吃人。诸怀河从这里发源，并向西流入嚣水河。诸怀河中生活着大量的鮨鱼，这种鱼长着鱼身和狗头，叫声如同婴儿啼哭，人吃了它可以治愈癫狂之病。

再往北一百八十里，有座浑夕山。山上没有草木，但盛产铜和玉石。嚣水河从这里发源，向西北汇入大海。有一种蛇，长着一个头、两个身子，名叫肥遗，它出现在哪儿，哪儿就会有严重的旱灾。

再往北五十里，有座北单山。山上没有草木，但是长着大量的山葱、山韭。

再往北一百里，有座罴差山，山上没有草木，但有大量的野马。

再往北一百八十里，有座北鲜山，这里有大量的野马。鲜水河从这里发源，并向西北流入涂吾河。

再往北一百七十里，有座隄山，这里有大量的野马。有一种野兽，外形像豹，但头上有斑纹，名叫狕。隄水河从这里发源，并向东流入泰泽湖。隄水河中生活着大量的龙龟。

上述北方第一条山脉，自单狐山到隄山，总计二十五座山，绵延五千四百九十里，山神都是人面蛇身。祭祀这些山神的礼仪是：选用一只雄鸡和一头猪做祭品，将它们埋入地下；祭祀的玉要选用珪玉，也埋入地下；祭祀时不用精米。这条山脉以北的人，都是生吃食物，而不用火。

北次二经

北次二经之首,在河黄河之东,其首枕汾靠近汾水,其名曰管涔之山今山西管涔山。其上无木而多草,其下多玉。汾水出焉,而西流注于河。

又北二百五十里,曰少阳之山,其上多玉,其下多赤银赤铁矿。酸水出焉,而东流注于汾水,其中多美赭一说为红土,《管子》曰:山上有赭者,其下有铁;一说为赭石。

又北五十里,曰县雍之山郭璞注,在晋阳县西,其上多玉,其下多铜,其兽多闾瑜也,或为野驴、麋,其鸟多白翟、白䳑白雉。晋水出焉,而东南流注于汾水。其中多鮆鱼,其状如鯈而赤鳞,其音如叱呵斥声,食之不骚。

又北二百里,曰狐岐之山,无草木,多青碧。胜水出焉,而东北流注于汾水,其中多苍玉。

又北三百五十里,曰白沙山,广员三百里,尽沙也,无草木鸟兽。鲔水出于其上,潜于其下,是多白玉。

又北四百里，曰尔是之山，无草木，无水。

又北三百八十里，曰狂山，无草木。是山也，冬夏有雪。狂水出焉，而西流注于浮水，其中多美玉。

又北三百八十里，曰诸余之山，其上多铜玉，其下多松柏。诸余之水出焉，而东流注于旄水。

又北三百五十里，曰敦头之山，其上多金玉，无草木。旄水出焉，而东流注于邛音穷泽，其中多䮝音渤马，牛尾而白身，一角，其音如呼。

又北三百五十里，曰钩吾之山，其上多玉，其下多铜。有兽焉，其状如羊身人面，其目在腋下，虎齿人爪，其音如婴儿，名曰狍鸮，是食人。

译文

北方第二条山脉的首座山，位于黄河东岸，山头靠近汾水，名叫管涔山。山上没有树木，但花草繁茂，山下盛产玉石。汾水河从这里发源，并向西流入黄河。

再往北二百五十里，有座少阳山。山上盛产玉石，山下储藏有丰富的赤铁矿。酸水河从这里发源，并向东流入汾水。酸水河里有很多赭石。

再往北五十里，有座县雍山，山上盛产玉石，山下储藏有丰富的铜矿。山中的野兽以野驴、麋鹿居多，鸟类以白翟、白雉为主。晋水河从这里发源，并向东南流入汾水。晋水河里生活着大量的鮆鱼，其外形与鲦鱼相似，有红色的鱼鳞，叫声如同人的咆哮，人吃了它身体就不会有狐臭味。

再往北二百里，有座狐岐山，山上没有草木，但是盛产青碧石。胜水河从这里发源，并向东北流入汾水。胜水河河底沉淀着大量苍玉。

再往北三百五十里，有座白沙山。白沙山周围三百里，都是沙漠，这里不生草木、鸟兽虫鱼。鲔水河从山顶发源，潜流到山脚。这里盛产白玉。

再往北四百里，有座尔是山。山上没有草木，也没有河湖水泊。

再往北三百八十里，有座狂山，山上没有草木。这座山常年积雪。狂水河从这里发源，并向西流入浮水河中。狂水河中有大量的美玉。

再往北三百八十里，有座诸余山，山上分布着丰富的铜矿和玉石。山下生长着繁密的松树和柏树。诸余河从这里发源，并向东流入旄水河。

再往北三百五十里，有座敦头山，山上分布着大量的金属矿和玉石，没有草木。旄水河从这里发源，并向东流入邛泽湖。旄水河中生活着大量的䮊马，有牛的尾巴，身体是白色的，有一只角，叫声就像是人在呼叫。

再往北三百五十里，有座钩吾山。山上盛产玉石，山下储藏有丰富的铜矿。有一种野兽，外形像羊，长着人一样的脸，眼睛长在腋下，有与老虎一样的牙齿，爪子像人手，叫声音如同婴儿啼哭，名叫狍鸮，能吃人。

又北三百里，曰北嚻之山，无石，其阳多碧，其阴多玉。有兽焉，其状如虎，而白身犬首，马尾彘鬣，名曰独狢音玉。有鸟焉，其状如乌，人面，名曰䌇䳄音盘冒，疑为鸥鸦科鸟类，宵飞而昼伏，食之已暍音椰。中暑。涔水出焉，而东流注于邛泽。

又北三百五十里，曰梁渠之山，无草木，多金玉。脩水出焉，而东流注于雁门，其兽多居暨，其状如彙刺猬而赤毛，其音如豚。有鸟焉，其状如夸父，四翼、一目、犬尾，名曰嚣音肖，其音如鹊，食之已腹痛，可以止衕音动，腹泻。

又北四百里，曰姑灌之山，无草木；是山也，冬夏有雪。

又北三百八十里，曰湖灌之山，其阳多玉，其阴多碧，多马。湖灌之水出焉，而东流注于海，其中多鳝通鳝，鳝鱼。有木焉，其叶如柳而赤理。

又北水行五百里，流沙三百里，至于洹音环山，其上多金玉。三桑生之《海外北经》云三桑无枝，其树皆无攱，其高百仞。百果虚词，意很多树生之。其下多怪蛇。

又北三百里，曰敦题之山，无草木，多金玉。是錞于北海一说为贝加尔湖。

凡北次二经之首，自管涔之山至于敦题之山，凡十七山，五千六百九十里。其神皆蛇身人面。其祠：毛用一雄鸡彘瘗；用一璧一珪，投而不糈。

| 译文 |

再往北三百里，有座北嚣山，山上没有石头，山的南面盛产碧玉，山的北面盛产玉石。这里有一种野兽，外形像老虎，身体是白色的，长着狗头、马尾和鬃毛，名叫独狢。有一种鸟，外形像乌鸦，长着人脸，名叫鸊鹕，这种鸟经常在晚上活动，白天蛰伏，人吃了它就不会中暑。

涔水河从这里发源，并向东流入邛泽湖。

再往北三百五十里，有座梁渠山，山上不生草木，但有很多金矿和玉石矿。脩水从这里发源，并向东流入雁门。山中野兽以居暨为主，它们的外形像刺猬，长满红色的毛发，叫声像小猪。山里还有一种鸟，外形很像夸父，有四只翅膀、一只眼睛、狗尾，名叫嚣，叫声像喜鹊，人吃了它可以治疗腹痛，可以止腹泻。

再往北四百里，有座姑灌山，山上不长草木。常年积雪。

再往北三百八十里，有座湖灌山，山的南面盛产玉石，山的北面分布着大量的碧玉，山里栖居着大群的野马。湖灌河从这里发源，并向东流入大海。湖灌河中有很多黄鳝。山中生长着一种树木，它的树叶如同柳叶，但叶面上的纹理是红色的。

再往北经水路走五百里，穿过三百里流沙，就到了洹山。山中盛产黄金和玉石。三桑树就生长在这里，这种树没有树枝，树干高达百仞。这里周围还生长着很多果树。山下有大量罕见的蛇。

再往北三百里，有座敦题山，山上没有花草树木，但有大量的黄金、玉石。这座山靠近北海之滨。

上述北方第二条山脉，从管涔山到敦题山，共计十七座山，绵延五千六百九十里。这些山的山神都是蛇身人面。祭祀这些山神的仪式是：选用一只雄鸡、一只猪做祭品埋入地下，将一块玉璧、一块珪玉做祭品投入山中，祭祀过程中不用精米。

北次三经

北次三经之首，曰太行之山。其首曰归山，其上有金玉，其下有碧。有兽焉，其状如麢羊而四角，马尾而有距，其名曰䮝音浑，善还音旋，其名自训。有鸟焉，其状如鹊，白身、赤尾、六足，其名曰䴅音奔，是善惊容易受惊吓，其鸣自詨通叫。

又东北二百里，曰龙侯之山，无草木，多金玉。决决之水出焉，而东流注于河。其中多人鱼，其状如鯑音蹄鱼 蝾螈科，即鲵，四足，其音如婴儿，食之无痴疾。

又东北二百里，曰马成之山，其上多文石，其阴多金玉。有兽焉，其状如白犬而黑头，见人则飞，其名曰天马，其鸣自训。有鸟焉，其状如乌，首白而身青、足黄，是名曰鶌鶋音屈居，其鸣自詨，食之不饥，可以已寓健忘症。

又东北七十里，曰咸山，其上有玉，其下多铜，是多松柏，草多茈草。条菅之水出焉，而西南流注于长泽。其中多器酸，三岁一成，食之已

天马：《韵会》中记载的一种叫天虞的神兽，鹿头龙身，在天上称为勾陈，在地上则为天马。

疠音立。同"癞"，即麻风病。

又东北二百里，曰天池之山，其上无草木，多文石。有兽焉，其状如兔而鼠首，以其背飞用背上毛飞行，其名曰飞鼠。渑音绳水出焉，潜于其下，其中多黄垩音恶。泥土。

又东三百里，曰阳山，其上多玉，其下多金铜。有兽焉，其状如牛而赤尾，其颈䭞音甚，颈部突起的肉，其状如句瞿容器，斗，其名曰领胡郝懿行案：《说文》解为胡牛，此牛颈肉垂如斗，因之名领胡，其鸣自詨呼叫，食之已狂。有鸟焉，其状如雌雉，而五采以文，是自为牝牡，名曰象蛇，其鸣自詨。留水出焉，而南流注于河。其中有鲔音陷父之鱼，其状如鲋鱼鲫鱼，鱼首而彘身，食之已呕呕吐。

又东三百五十里，曰贲闻之山，其上多苍玉，其下多黄垩，多涅石郝懿行案：䃜石也，即明矾石。

又北百里，曰王屋之山在今山西闻喜县和垣曲县之交，是多石。㶌音联水出焉，而西北流注于泰泽。

又东北三百里，曰教山，其上多玉而无石。教水出焉，西流注于河，是水冬干而夏流，实惟干河枯水河。其中有两山。是山也，广员三百步，其名曰发丸之山，其上有金玉。

又南三百里，曰景山，南望盐贩之泽，北望少泽，其上多草、藷藇即薯蓣，山药也，其草多秦椒一说即花椒，其阴多赭红土，其阳多玉。有鸟焉，其状如蛇，而四翼、六目、三足，名曰酸与，其鸣自詨，见则其邑有恐恐慌、慌乱。

天竺山けさね
ミふときんこ
するうちのふ
いろとえぬづく

飛鼠

飛鼠：凡《山海经》中记载的鼠类，皆称它们的头像老鼠，身体像兔子，能飞行。

译文

北方第三条山脉叫作太行山脉。太行山脉的第一座主峰叫作归山。山上出产黄金、玉石，山下产碧玉。山中有一种野兽，外形像麢羊，长着四只角，还长着马的尾巴，和鸡的爪子，名叫䮝，它善于旋转跳跃，因自己的叫声而得名。山中栖居着一种鸟，外形与喜鹊相似，白色的鸟身，红色的尾巴，长着六条腿，名叫䴅。这种鸟容易受到惊吓而飞走，它因自己的叫声得名。

再往东北二百里，有座龙侯山。山中不生长草木，但储藏着大量的黄金和玉石。决决河从这里发源，并向东流入黄河。河中生活着大量的鲵鱼，外形与䱱鱼相似，长着四条腿，发出的叫声如同婴儿哭声，人吃了这种鱼的肉就可以增进智力。

再往东北二百里，有座马成山。山上盛产有花纹的石块，山的北面储藏有丰富的黄金和玉矿。有一种野兽，外形与白狗相似，但头是黑色的，看见人就会立刻飞走，名叫作天马，它因叫声而得名。有一种鸟，外形像乌鸦，鸟头是白色的，鸟身是青色的，鸟爪是黄色的，名叫鶌鶋，它因自己的叫声得名，人吃了它的肉就可以不再感到饥饿，还可以治愈健忘症。

再往东北七十里，有座咸山，山上盛产玉石，山下储藏有丰富的铜矿，这座山中生长着繁密的松树和柏树，草以紫草居多。条菅河从这里发源，并向西南流入长泽湖中。河中沉淀着大量的器酸，这种器酸要经过三年时间才能凝成，人吃了它就可以治愈麻风病。

再往东北二百里，有座天池山。山上不生长花草树木，但遍布大量有花纹的石块。山中生活着一种野兽，外形与兔子相似，但长着老鼠一样的脑袋，能够靠背上的长毛飞行，名叫飞鼠。渑水河从这里发源，潜流于山脚下。河水中沉积着厚厚的黄色泥土。

再往东三百里，有座阳山。山上盛产玉石，山下有丰富的金和铜。山中有一种野兽，外形像牛，长着红色的尾巴，脖子处有一块突起的肉，就像肉瘤一样，名叫领胡，因自己的叫声而得名，人吃了这种野兽的肉就可以治愈癫狂之病。山中有一种鸟，外形与雌雉相似，但长着五彩的斑纹，这种鸟雌雄同体，名叫象蛇，也是因其叫声而得名。留水河从这里发源，并向南流入黄河之中。此河中有鲐父鱼，外形与鲫鱼相似，长着鱼头、猪身，人吃了它的肉就可以治干呕。

再往东三百五十里，有座贲闻山。山上盛产苍玉，山下沉积着厚厚的黄泥，山中分布着大量的涅石。

再往北一百里，有座王屋山。山中到处都是大石块。灅水河从这里发源，并向西北流入泰泽湖中。

再往东北三百里，有座教山。山上盛产玉石，但没有石块。教水河从这里发源，并向西流入黄河之中。这条教水河，冬天河水干枯，夏季河水充盈，实际上是季节性河流。教水河源头处有两座山，除教山外，另一座山南北范围大概有三百步大小，名叫发丸山，山上分布有黄金和玉石矿。

再往南三百里，有座景山。从景山山顶向南可以望见盐贩湖，往北可以看见少泽湖。山上生长着繁密的野草和山药。野草以秦椒类为主。景山的北面盛产红土，南面盛产玉石。有一种鸟，外形与蛇相似，但长着四只翅膀、六只眼睛和三条腿，名叫酸与，它因自己的叫声得名，这种鸟出现在哪里，哪里就会发生恐怖的事情。

又东南三百二十里，曰孟门之山，其上多苍玉，多金，其下多黄垩，多涅石。

又东南三百二十里，曰平山。平水出于其上，潜于其下，是多美玉。

又东二百里，曰京山，有美玉，多漆木，多竹，其阳有赤铜，其阴有玄䃩 音肃。黑砥石，即黑色磨刀石。高水出焉，南流注于河。

又东二百里，曰虫尾之山，其上多金玉，其下多竹，多青碧。丹水出焉，南流注于河。薄水出焉，而东南流注于黄泽。

又东三百里，曰彭毗之山，其上无草木，多金玉，其下多水。蚤林之水出焉，东南流注于河。肥水出焉，而南流注于床水，其中多肥遗之蛇。

又东百八十里，曰小侯之山。明漳之水出焉，南流注于黄泽。有鸟焉，其状如乌而白文，名曰鸪鹈 音姑习，食之不灂 音教，眼睛昏蒙不清。

又东三百七十里，曰泰头之山。共 音工水出焉，南注于虖池 音乎陀。其上多金玉，其下多竹箭 细毛竹。

又东北二百里，曰轩辕之山，其上多铜，其下多竹。有鸟焉，其状如枭而白首，其名曰黄鸟，其鸣自詨，食之不妒。

又北二百里，曰谒戾之山，其上多松柏，有金玉。沁水出焉，南流注于河。其东有林焉，名曰丹林。丹林之水出焉，南流注于河。婴侯之水出焉，北流注于氾 音范水。

东三百里，曰沮洳 音入之山，无草木，有金玉。濝水 音齐出焉，南流注于河。

111

又北三百里，曰神囷音逡之山，郝懿行案：在今河南林县，其上有文石，其下有白蛇，有飞虫。黄水出焉，而东流注于洹。滏音斧水《魏书·武帝纪》云建安九年，公进军到洹水，又临滏水为营出焉，而东流注于欧水郝懿行案：即漳河水。

又北二百里，曰发鸠之山，其上多柘音这木。有鸟焉，其状如乌，文首、白喙、赤足，名曰精卫，其鸣自詨。是炎帝之少女名曰女娃，女娃游于东海，溺而不返，故为精卫，常衔西山之木石，以堙于东海。漳水出焉，东流注于河。

又东北百二十里，曰少山，其上有金玉，其下有铜。清漳之水出焉，东流注于浊漳之水。

译文

再往东南三百二十里，有座孟门山，山上分布着大量的苍玉和金矿，山下沉积着厚厚的黄泥，还储藏着丰富的涅石。

再往东南三百二十里，有座平山，平水河从这里发源，并由山脚潜入地下。平水河里沉淀着大量的美玉。

再往东二百里，有座京山，山上出产美玉，遍布繁密的漆树和竹子。山的南面储藏有丰富的黄铜，山的北面出产黑色磨刀石。高水河从这里发源，并向南流入黄河之中。

再往东二百里，有座虫尾山，山上盛产黄金和玉石，山下生长着繁密的竹子，并且盛产青玉。丹水河从这里发源，并向南流入黄河之中。薄水河也从这里向东南流入黄泽湖中。

精卫：精卫本是炎帝的小女儿女娃，在东海之滨玩乐时不幸溺水而亡，化作一只小鸟，发出「精卫、精卫」的叫声，人们便称它为精卫鸟。经常口衔西山的树枝、石块来填塞东海，成语「精卫填海」便由此而来。

精衞

再往东三百里，有座彭毗山，山上没有草木，但分布着大量的黄金和玉石。山下有很多河湖水泊。蚤林河从这里发源，并向东南流入黄河之中。肥水河也从这里向南流入床水河中。肥水河里生活着大量的肥遗蛇。

再往东一百八十里，有座小侯山，明漳河从这里发源，并向南流入黄泽湖中。山中栖居着一种鸟，外形与乌鸦相似，但长着白色的花纹，名叫鸪鹠，人吃了它的肉可以明目。

再往东三百七十里，有座泰头山，共水河从这里发源，并向南流入虖池河。泰头山上盛产黄金和玉石，山下生长着繁密的毛竹。

再往东二百里，有座轩辕山。山上盛产铜矿，山下生长着繁密的竹子。山中栖居着一种鸟，外形与猫头鹰相似，但头是白色的，名叫黄鸟，它因声得名，人吃了它的肉就不会再嫉妒。

再往北二百里，有座谒戾山，山上生长着繁密的松树和柏树，分布有黄金和玉石。沁水河从这里发源，并向南流入黄河。谒戾山东边有一大片森林，名叫丹林。丹林河从那里向南流入黄河。婴侯河也从那里向北流入汜水河。

往东三百里，有座沮洳山，山上不生草木，有黄金和玉石。濝水河从这里发源，并向南流入黄河之中。

再往北三百里，有座神囷山，山上有大量带花纹的石头，山下有白蛇和飞虫。黄水河从这里发源，并向东流入洹水河中。滏水河也从这里向东流入欧水河中。

再往北二百里，有座发鸠山，山上生长着繁密的柘树。有一种鸟，外形与乌鸦相似，鸟头上有花纹，长着白色的鸟喙，红色的鸟腿，名叫精卫，它因自己的叫声而得名。精卫本是炎帝的小女儿，名叫女娃，她在东海之滨游玩时，不幸被淹死在海中，因而化为精卫鸟，时常衔着西山的草木、石块，投往东海之中。漳水河从这向东流入黄河之中。

再往东北一百二十里，有座少山。山上有黄金和玉石，山下产铜。清漳河从这发源，向东流入浊漳河之中。

又东北二百里，曰锡山一说在河南武安，其上多玉，其下有砥。牛首之水出焉，而东流注于滏水。

又北二百里，曰景山，有美玉。景水出焉，东南流注于海泽。

又北百里，曰题首之山，有玉焉，多石，无水。

又北百里，曰绣山，其上有玉、青碧，其木多栒音旬。栒树，其草多芍药、芎䓖音兄琼。川芎。洧水出焉，而东流注于河。其中有鳠音户。鲇鱼、黾音猛。一种蛙。

又北百二十里，曰松山一说在河北邢台，阳水出焉，东北流注于河。

又北百二十里，曰敦与之山，其上无草木，有金玉。溹水出于其阳，而东流注于泰陆之水；泜音枝水出于其阴，而东流注于彭水。槐水出焉，而东流注于泜泽。

又北百七十里，曰柘山，其阳有金玉，其阴有铁。历聚之水出焉，而北流注于洧水。

又北三百里，曰维龙之山，其上有碧玉，其阳有金，其阴有铁。肥水出焉，而东流注于皋泽，其中多礨石垒石，堆叠的大石块。敞铁之水出焉，而北流注于大泽。

又北百八十里，曰白马之山，其阳多石玉，其阴多铁，多赤铜。

木马之水出焉，而东北流注于虖沱。

又北二百里，曰空桑之山，无草木，冬夏有雪。空桑之水出焉，东流注于虖沱。

又北三百里，曰泰戏之山，无草木，多金玉。有兽焉，其状如羊，一角一目，目在耳后，其名曰辣辣音东。一说为斑羚羊，其鸣自訆。虖沱之水出焉，而东流注于溇水。液女水出于其阳，南流注于沁水。

又北三百里，曰石山，多藏金玉。濩濩音霍之水出焉，而东流注于虖沱；鲜于之水出焉，而南流注于虖沱。

又北二百里，曰童戎之山，皋涂之水出焉，而东流注于溇液水。

又北三百里，曰高是之山，滋水出焉，而南流注于虖沱，其木多棕，其草多条。滱音扣水出焉，东流注于河。

译文

再往东北二百里，有座锡山，山中盛产玉石，山下产磨刀石。牛首河从这里发源，向东流入滏水河中。

再往北二百里，有座景山，山中出产美玉。景水河从这里发源，并向东南流入海泽湖中。

再往北一百里，有座题首山。山上出产玉石，有很多石块，但没有河湖水泊。

再往北一百里，有座绣山。山上出产玉石、青玉，山中的树木以栒树为主，草类以芍药、芎䓖类为主。洧水河从这里发源，并向东流

辣辣：相传此兽为瑞兽，在哪里出现，当地就会丰收。但胡文焕在《山海经图》中却称「此兽现时，主国内祸起，宫中大不祥也」。

辣

入黄河之中。洧水河中有鳡鱼和鼋鼍。

再往北一百二十里，有座松山，阳水河从这里发源，并向东北流入黄河之中。

再往北一百二十里，有座敦与山，山上没有草木，但有黄金和玉石。溹水河从敦与山的南面发源，向东流入泰陆河中；泜水河从敦与山的北面发源，向东流入彭水河中。槐水河也发源于这座山中，向东流入泜泽湖中。

再往北一百七十里，有座柘山，山的南面有黄金和玉石，山的北面产铁矿。历聚河从这里发源，并向北流入洧水河中。

再往北三百里，有座维龙山，山上分布有碧玉，山南出产黄金，山北产铁矿。肥水河从这里发源，并向东流入皋泽湖中，河床中堆积着很多大石块。敞铁河也从这里发源，并向北流入大泽湖中。

再往北一百八十里，有座白马山，山南盛产石头和玉石，山北储藏有大量的铁矿和铜矿。木马河从这里发源，并向东北流入滹沱河中。

再往北二百里，有座空桑山。山中没有草木，一年四季都有积雪。空桑河从这里发源，并向东流入滹沱河中。

再往北三百里，有座泰戏山，山中不生草木，但是到处都有黄金、玉石。山中有一种野兽，外形像羊，只长了一只兽角和一只眼睛，眼睛长在耳朵后面，名叫辣辣，它因自己的叫声而得名。滹沱河从这里发源，并向东流入溇水河中。液女河从这座山的南面向南流入沁水河中。

再往北三百里，有座石山，山上储藏着丰富的金和玉。濩濩河从这里发源，向东流入滹沱河中，鲜于河也从这里向南流入滹沱河中。

再往北二百里，有座童戎山，皋涂河从这里发源，并向东流入娄液河中。

再往北三百里，有座高是山。滋水河从这里发源，并向南流入虖沱河中，山上的树木以棕树居多，草类以条草为主。滱水河从这里发源，并向东流入黄河之中。

又北三百里，曰陆山一说在今河北满城，多美玉。郪音姜水出焉，而东流注于河。

又北二百里，曰沂山，般音盘水出焉，而东流注于河。

北百二十里，曰燕山，多婴石言石似玉，也作燕石。燕水出焉，东流注于河。

又北山行五百里，水行五百里，至于饶山。是无草木，多瑶碧，其兽多橐驼骆驼，其鸟多鹠鸱鸦之类。历虢之水出焉，而东流注于河。其中有师鱼鲫鱼，有毒，食之杀人。

又北四百里，曰乾山，无草木，其阳有金玉，其阴有铁而无水。有兽焉，其状如牛而三足，其名曰獂音环，其鸣自詨。

又北五百里，曰伦山。伦水出焉，而东流注于河。有兽焉，其状如麋，其州《广雅》释：臀也在尾上，其名曰罴九。

又北五百里，曰碣石之山。绳水出焉，而东流注于河，其中多蒲夷之鱼疑为《西次四经》英鞮之山之冉遗鱼。其上有玉，其下多青碧。

又北水行五百里，至于雁门之山，无草木。

又北水行四百里，至于泰泽。其中有山焉，曰帝都之山，广员百里，无草木，有金玉。

又北五百里，曰錞于毋逢之山，北望鸡号之山，其风如飚音力。急风貌也。西望幽都之山，浴水出焉。是有大蛇，赤首白身，其音如牛，见则其邑大旱。

凡北次三经之首，自太行之山以至于毋逢之山，凡四十六山，万二千三百五十里。其神状皆马身而人面者廿二十神。其祠之，皆用一藻茝音止，白芷瘗之。其十四神状皆彘身而载同戴玉。其祠之，皆玉，不瘗。其十神状皆彘身而八足蛇尾。其祠之，皆用一璧瘗之。大凡四十四神，皆用稌穤米祠之。此皆不火食。

右北经之山，凡八十七山，二万三千二百三十里。

| 译文 |

再往北三百里，有座陆山，山上出产大量美玉。郪水河从这里发源，并向东流入黄河之中。

再往北二百里，有座沂山，般水河从这里发源，并向东流入黄河之中。

往北一百二十里，有座燕山，山上盛产彩色石头。燕水河从这里发源，并向东流入黄河之中。

再往北走山路五百里，走水路五百里，就到了饶山。这里不生长花草树木，但到外都是瑶、碧等美玉。这里的野兽以骆驼为主，鸟类以鸺鹠为主。历虢河从这里发源，并向东流入黄河之中。历虢河中生活着一种师鱼，人吃了它的肉会中毒而亡。

再往北四百里，有座乾山，山上没有花草树木，山的南麓分布有金矿玉石，山的北麓储藏有铁矿，但没有河湖水泊。山中生活着一种野兽，外形与一般的牛相似，但长着三只脚，名叫獂，它因声得名。

再往北五百里，有座伦山，伦水河从这里发源，并向东流入黄河之中。山中生活着一种野兽，外形与麋麂相似，它的肛门长在尾巴上方，名叫羆九。

再往北五百里，有座碣石山，绳水河从这里发源，并向东流入黄河之中。绳水河中生活着大量的蒲夷鱼。碣石山上出产玉石，山下有大量的青石、碧玉。

再往北走水路五百里，就到了雁门山，这里没有花草树木。

再往北走水路四百里，就到了泰泽湖，泰泽湖中有一座山，名叫帝都山，方圆有百里大小，山二没有花草树木，但出产黄金和玉石。

再往北五百里，有座錞于毋逢山。这里向北可以望见鸡号山，那里刮起来的风急速而强劲。向西可以眺望到幽都山，浴水河就从那里发源。这个地方生活着一种体型巨大的蛇，红色的脑袋，白色的身躯，发出的声音如同牛叫，这种蛇出现在哪里，哪里就会出现严重的旱灾。

综上北方第三列山系，从首座山太行山直到毋逢山，总计四十六座山，绵延一万两千三百五十里。这些山的山神中，马身人面的有二十个。祭祀这些山神的礼仪是：选用一块藻和白芷埋在地下。另有十四座山的山神都是猪身，并戴有玉佩。祭祀这些山神要选用美玉当作祭品，但并不埋入地下。还有十座山的山神是猪身、八脚、蛇尾。祭祀他们的礼仪是，全部选用美玉当作祭品，并且要埋入地下。这四十四座山的山神，在祭祀时都要选用精米当作祭品。这些祭品都是生的。

以上是关于北方山脉的记述。总计八十七座山，绵延二万三千二百三十里。

卷四 东山经

东山经

东山经之首，曰樕螽音速朱之山一说为今山东淄博石门山，北临乾昧亦山名也。食水出焉，而东北流注于海。其中多鱅音庸鱅之鱼或为海牛，其状如犁牛，其音如彘鸣。

又南三百里，曰藟山音磊，其上有玉，其下有金。湖水出焉，东流注于食水，其中多活师蝌蚪。

又南三百里，曰枸状之山，其上多金玉，其下多青碧石。有兽焉，其状如犬，六足，其名曰从从，其鸣自詨。有鸟焉，其状如鸡而鼠毛，其名曰蚩音滋鼠，见则其邑大旱。泜音指水出焉，而北流注于湖水。其中多箴鱼，其状如鲦，其喙如箴同针，食之无疫疾。

又南三百里，曰勃垒音齐之山，无草木，无水。

又南三百里，曰番条之山，无草木，多沙。减水出焉，北流注于海，其中多鳡音感鱼。

又南四百里，曰姑儿之山，其上多漆漆树，其下多桑柘。姑儿之水出焉，北流注于海，其中多鳡鱼。

又南四百里，曰高氏之山，其上多玉，其下多箴石可以为砭针，能治毒疮。诸绳之水出焉，东流注于泽，其中多金玉。

又南三百里，曰岳山，其上多桑，其下多樗音出。泺水出焉，东流注于泽，其中多金玉。

又南三百里，曰犲音豺山，其上无草木，其下多水，其中多堪䖰音序之鱼。有兽焉，其状如夸父而彘毛，其音如呼，见则天下大水。

又南三百里，曰独山，其上多金玉，其下多美石。末涂之水出焉，而东南流注于沔音免，其中多䱱蠵音条颙。一说为水蛇，其状如黄蛇，鱼翼，出入有光，见则其邑大旱。

又南三百里，曰泰山即今山东泰山，其上多玉，其下多金。有兽焉，其状如豚而有珠，名曰狪狪音同，其鸣自讪。环水出焉，东流注于汶汶水，其中多水玉水晶。

又南三百里，曰竹山，錞于汶，无草木，多瑶碧。激水出焉，而东南流注于娶檀之水，其中多茈蠃。

凡东山经之首，自樕𧑒之山以至于竹山，凡十二山，三千六百里。其神状皆人身龙首。祠毛用一犬祈，聃音耳。以血涂祭用鱼。

|译文|

东方山脉的首座山，是樕𧑒山，它北临乾昧山。食水河从这里发源，向东北汇入大海。河中生活着大群的鱇鱅鱼，外形与犁牛相似，叫声如同猪的哼叫声。

再往南三百里，有座蘠山，山上分布有玉石，山下储藏有黄金。湖水河从这里发源，向东流入食水河。湖水河中生活着大量的蝌蚪。

再往南三百里，有座枸状山，山上盛产黄金、玉石，山下盛产青石、碧玉。山中生活着一种野兽，外形与狗相似，长着六只脚，名叫从从，它因自己的叫声而得名。山中栖居着一种鸟，外形像鸡，但长着老鼠一样的毛，它叫蛫鼠，这种鸟出现在哪里，哪里就会发生严重的旱灾。汈水河从这里发源，向北流入湖水河中，汈水河中生活着大量的箴鱼，外形与鯈鱼相似，鱼嘴长得像针，人吃了它的肉就可以预防疫病。

再往南三百里，有座勃垒山，山上没有花草树木，也没有河湖水泊。

再往南三百里，有座番条山，山上没有花草树木，但到处都是沙砾。减水河从这里发源，向北流入大海之中。此河中生活着大量的鳡鱼。

再往南四百里，有座姑儿山，山上生长着繁密的漆树，山下生长着茂盛的桑树和柘树。姑儿河从这里发源，向北汇入大海。河中有大量的鳡鱼。

再往南四百里，有座高氏山，山上盛产玉石，山下有丰富的箴石。诸绳河从这里发源，向东流入湖泽之中。诸绳河河床中有很多金砂、玉粒。

再往南三百里，有座岳山，山上盛产桑树，山下生长着很多臭椿树。泺水河自这里起源，向东入湖泽中，水里有很多金砂、玉粒。

再往南三百里，有座犲山，山上没有花草树木，山下汇聚着大量的河湖水泊。水泊中有很多堪𬶍鱼。山中生活着一种野兽，外形与夸父相似，但长着猪毛，它的叫声就像人发出的呼喊声，这种野兽一旦出现，就意味着要发生严重的水灾。

再往南三百里，有座独山，山上盛产黄金、玉石，山下有大量漂亮的石头。末涂河从这里发源，向东南流入沔河之中。末涂河中生活着大量的儵鯺，外形与黄色的蛇相似，但长着鱼鳍，在水中游荡时熠熠闪光，这种鱼出现在哪里，哪里就会遭遇严重的旱灾。

再往南三百里，有座泰山，山上盛产有丰厚的玉石资源，山下储藏着大量的金矿。山中生活着一种野兽，外形与小猪相似，身内有珠，名叫狪狪，它的叫声就是自己的名字。环水河就是从这里发源，向东流入汶水河中。环水河中沉淀着大量的水晶。

再往南三百里，有座竹山，它临近汶水河边。山上没有花草树木，但盛产瑶玉、碧玉。激水河从这里发源，向东南流入娶檀河中。激水河里生活着大量的紫蠃。

上述东方第一条山脉，从樕螽山直到竹山，总计十二座山，绵延三千六百里。这些山的山神都是人身龙首。祭祀的礼节是：选用一只狗做祭品，向诸神祈祷，同时杀一条鱼，用鱼的血来洗涤祭器。

东次二经

东次二经之首，曰空桑之山一说在今山东曲阜，北临食水，东望沮吴亦山名，南望沙陵，西望湣音敏泽。有兽焉，其状如牛而虎文，其音如钦，其名曰軨軨音铃，其鸣自叫，见则天下大水。

又南六百里，曰曹夕之山，其下多榖构树而无水，多鸟兽。

又西南四百里，曰峄皋音译高之山，其上多金玉，其下多白垩，峄皋之水出焉，东流注于激女音汝之水，其中多蜃蜃，大蛤蜊；珧，小河蚌。

又南水行五百里，流沙三百里，至于葛山之尾，无草木，多砥砺。

又南三百八十里，曰葛山之首，无草木。澧水出焉，东流注于余泽，其中多珠蟞通鳖鱼，其状如肺而有目，六足有珠，其味酸甘，食之无疠。

又南三百八十里，曰余峨之山，其上多梓枏，其下多荆芑同杞。杂余之水出焉，东流注于黄水。有兽焉，其状如菟兔子而鸟喙，鸱目蛇尾，见人则眠假寐也，名曰犰狳音求余，其鸣自训，见则螽音中蝗螳虫为败。

又南三百里，曰杜父之山，无草木，多水。

又南三百里，曰耿山，无草木，多水碧水晶，多大蛇。有兽焉，其状如狐而鱼翼，其名曰朱獳，其鸣自讪，见则其国有恐动乱。

又南三百里，曰卢其之山，无草木，多沙石。沙水出焉，南流注于涔水，其中多鹈鹕音离胡，其状如鸳鸯而人足，其鸣自讪，见则其国多土功。

又南三百八十里，曰姑射之山《庄子·逍遥游》载：姑射之山，汾水之阳；《隋书·地理志》载：姑射之山，山西平阳府西，无草木，多水。

又南水行三百里，流沙百里，曰北姑射之山，无草木，多石。

又南三百里，曰南姑射之山，无草木，多水。

又南三百里，曰碧山，无草木，多大蛇，多碧、水玉。

又南五百里，曰缑氏之山，无草木，多金玉。原水出焉，东流注于沙泽。

又南三百里，曰姑逢之山，无草木，多金玉。有兽焉，其状如狐而有翼，其音如鸿雁，其名曰獙獙音毕。沙狐，见则天下大旱。

又南五百里，曰凫丽之山，其上多金玉，其下多箴石。有兽焉，其状如狐，而九尾、九首、虎爪，名曰蛊蛭音龙至，其音如婴儿，是食人。

又南五百里，曰䃌音员山，南临䃌水，东望湖泽。有兽焉，其状如马而羊目、四角、牛尾，其音如嗥狗，其名曰狓狓音由，见则其国多狡客。有鸟焉，其状如凫而鼠尾，善登木，其名曰絜音协钩，见则其国多疫。

凡东次二经之首，自空桑之山至于䃌山，凡十七山，六千六百四十里。其神状皆兽身人面载觡音格。载谓戴；觡，麋鹿的角。其祠毛用一鸡祈，婴用一璧瘗。

朱獳：朱獳的外形像狐狸，背上长着鱼鳍，因自己的叫声而得名。

朱獳

蛊蛭：传说中九头九尾的野兽。文中记载「其状如狐」，《怪奇鸟兽图卷》中所绘其全身虎纹。

絮鈎：一种鸟，外形与水鸭相似，却长着一条老鼠尾巴，在哪里出现哪里就会频繁发生瘟疫。

絮鈎

译文

东方第二条山脉的首座山，是空桑山。它北临食河，向东可以眺望到沮吴，向南可以眺望到沙陵，向西可以眺望到湣泽。山中生活着一种野兽，外形与牛相似，但是身上长着与老虎一样的斑纹，发出的叫声就像人在呻吟，名叫软软，它因自己的叫声而得名，这种野兽一旦出现，就预示着要发生严重的水灾。

再往南六百里，有座曹夕山，山下生长着繁密的构树，但是没有河湖水泊，山中聚集着许多鸟类和野兽。

再往西南四百里，有座峄皋山，山上储藏有丰富的黄金、玉石，山下沉积着厚厚的白垩土。峄皋河从这里发源，向东流入激女河中。峄皋河中生活着很多大大小小的河蚌和蛤蜊。

再往南走水路五百里，再穿过三百里的流沙，就到了葛山的尾部。这里没有花草树木，但是遍布着大量的磨刀石。

再往南三百八十里，是葛山山脉的起始处，这里没有花草树木。澧水河从这里发源，向东流入余泽湖中。澧水河中生活着大量的珠蟞鱼，外形长得像肺叶，长有四只眼睛，还长有六只脚，脚上长有肉珠，这种鱼的味道酸甜可口，人吃了它就可以预防麻风病。

再往南三百八十里，有座余峨山，山上生长着繁茂的梓树和楠树，山下生长着茂盛的荆树和杞树。杂余河从这里发源，并向东流入黄水河中。山中生活着一种野兽，外形与兔子相似，但长着鸟嘴，有鹰一样的眼睛和蛇一样的尾巴，遇到人就躺到地上装死，名叫犰狳，它因自己的叫声而得名，一旦出现，就意味着当年要发生蝗灾。

再往南三百里，有座杻父山，山上没有花草树木，但是有很多水系。

再往南三百里，有座耿山。山上没有花草树木，但是盛产水晶，盘踞着很多大蛇。有一种野兽，外形与狐狸相似，但长着鱼鳍，名叫朱獳，它因自己的叫声得名，这种动物出现在哪个国家，哪里就会发生令人惊悚的事情。

再往南三百里，有座卢其山，山上没有花草树木，到处都是沙砾石块。沙水河从这里发源，向南流入涔水河中。沙水河两岸生活着许多鹓鹕鸟，外形与鸳鸯相似，但长着人一样的脚，它因自己的叫声而得名。这种鸟出现在哪里，就预示着那里将要大兴土木。

再往南三百八十里，有座姑射山。山上没有花草树木，但是有很多水泊。

再往南走水路三百里，穿过一百里的流动沙漠，就是北姑射山。这里没有花草树木，但是有很多的石块。

再往南三百里，有座南姑射山，这里没有花草树木，但是有很多水泊。

再往南三百里，有座碧山，这里没有花草树木，但有很多大蛇。这里还盛产碧玉、水晶石等。

再往南五百里，有座缑氏山，山上没有花草树木，但分布着大量的黄金、玉石。原水河从这里发源，并向东流入沙泽中。

再往南三百里，有座姑逢山，山上没有花草树木，但储藏有丰富的金矿和玉矿。山中生活着一种野兽，外形与狐狸相似，长有翅膀，它的叫声与鸿雁相似，名叫獬獬，一旦出现，就预示着要遭遇严重的旱灾。

再往南五百里，有座凫丽山。山上盛产黄金和玉石，山下出产大量的箴石。山中生活着一种野兽，外形与狐狸相似，但长着九条尾巴、九个脑袋，还长着虎爪，名叫蛊蛭，它的叫声就像婴儿啼哭，这种野兽能够吃人。

再往南五百里，有座硬山。它南临硬水河，向东可以眺望到湖泽。山中生活着一种野兽，外形与马相似，但长着羊一样的眼睛，并长有四只犄角和牛一样的尾巴，叫声与狗叫相似，名叫狡狡，这种野兽出现在哪里，哪里就会出现很多善于诡辩之人。山中栖居着一种鸟，外形与水鸭相似，但长着老鼠尾巴，擅长爬树，名叫絜钩，这种鸟出现在哪个国家，哪个国家就会频繁地发生灾疫。

上述东方第二条山脉，从空桑山直到硬山，总计十七座山，绵延六千六百四十里。这些山的山神都是兽身人面，并且戴着鹿角。祭祀的礼仪是：选用一只鸡做祭品，向诸神祈祷；选出一块玉璧埋入地下。

东次三经

又东次三经之首，曰尸胡之山，北望𦏰音祥山一说在今山东烟台，其上多金玉，其下多棘。有兽焉，其状如麋而鱼目，名曰妴音婉胡或为白唇鹿，其鸣自诩。

又南水行八百里，曰岐山，其木多桃李，其兽多虎。

又南水行五百里，曰诸钩之山，无草木，多沙石。是山也，广员百里，多寐鱼即鲦鱼。

又南水行七百里，曰中父之山，无草木，多沙。

又东水行千里，曰胡射之山，无草木，多沙石。

又南水行七百里，曰孟子之山，其木多梓桐，多桃李，其草多菌蒲菌，蘑菇类；蒲，蒲草植物，其兽多麋鹿。是山也，广员百里。其上有水出焉，名曰碧阳，其中多鳣鲔鳣，中华鲟；鲔，似鳣而长鼻，体无鳞甲。

又南水行五百里，流沙五百里，有山焉，曰跂踵之山，广员二百里，无草木，有大蛇，其上多玉。有水焉，广员四十里，皆涌喷涌，其名曰深泽，其中多蠵音西龟红海龟。有鱼焉，其状如鲤，而六足鸟尾，名曰鲐鲐音格之鱼《广雅·释地》载东方有鱼焉，如鲤六足鸟尾，其名曰鲐，其名自讪。

又南水行九百里，曰踇隅之山，其上多草木，多金玉，多赭。有兽焉，其状如牛而马尾，名曰精精，其鸣自讪。

又南水行五百里，流沙三百里，至于无皋之山，南望幼海即少海也；《淮南子》载东方大渚曰少海。谭其骧注为崂山西南部之胶州湾，东望榑音扶木扶桑，传说之东方神木，无草木，多风。是山也，广员百里。

凡东次三经之首，自尸胡之山至于无皋之山，凡九山，六千九百里。其神状皆人身而羊角。其祠：用一牡羊，糈用黍。是神也，见则风雨水为败风雨灾害，危害庄稼。

| 译文 |

东方第三条山脉的首座山，是尸胡山，站在这座山的山顶，向北可以眺望到羿山。尸胡山上盛产黄金、玉石，山下遍布酸枣树。山中生活着一种野兽，外形与麋鹿相似，但长着一双鱼眼，名叫妴胡，它的叫声就是自己的名字。

再往南走水路八百里，有座岐山，山上的树木以桃树和李树为主，野兽以老虎居多。

再往南走水路五百里，有座诸钹山。山上没有花草树木，但遍布沙石。这座山方圆百里，山脚下的河湖里生活着很多寐鱼。

再往南走水路七百里，有座中父山。山上没有花草树木，遍布沙砾。

再往东走水路一千里，有座胡射山。山上没有花草树木，有大量的石块沙砾。

再往南走水路七百里，有座孟子山。山上的树木以梓树、桐树、桃树和李树为主，草类以菌类、蒲草为主，野兽以麋、鹿居多。这座山方圆百里。有一条河从山上发源，名叫碧阳。河中生活着大量的鳣鱼、鲔鱼。

再往南走水路五百里，又经五百里流沙，有一座山名叫跂踵山，这座山方圆两百里，山上没有花草树木，山中有大蛇，山上有很多玉石。山中有湖，在方圆四十里，整个水面都在翻腾，名叫深泽。河中生活着大量的蠵龟。河里还有一种鱼，外形像鲤鱼，但长着六只脚和鸟一样的尾巴，名叫鲐鲐鱼，它因自己的叫声而得名。

再往南走水路九百里，有座踇隅山，山上没有花草树木，但盛产黄金、玉石，到处可见沉积的红土。山中生活着一种野兽，外形与牛相似，但长着马尾巴，名叫精精，它因自己的叫声而得名。

再往南走水路五百里，穿过三百里的流动沙漠，就到了无皋山。这里向南可以眺望到幼海，向东可以眺望到扶桑树。山上没有花草树木，常年都会刮大风。这座山方圆百里。

上述东方第三条山脉，从首座山尸胡山开始，直到无皋山，总计九座山，绵延六千九百里。这些山的山神都是人身，长着羊角。祭祀的礼节是：选用公羊和一些黍米做祭品。这些山神一旦出现，就预示着要发生大风大雨和洪涝灾害，危害田间庄稼。

东次四经

又东次四经之首,曰北号之山一说在今山东莱州湾,临于北海渤海或黄海。有木焉,其状如杨,赤华,其实如枣而无核,其味酸甘,食之不疟。食水出焉,而东北流注于海。有兽焉,其状如狼,赤首鼠目,其音如豚,名曰獦狚音格旦。《集韵》释曰獦狚,巨狼也,是食人。有鸟焉,其状如鸡而白首,鼠足而虎爪,其名曰鬿雀鬿,音奇。王逸注《楚辞·天问》"鬿堆焉处"云:鬿堆,奇兽也,亦食人。

又南三百里,曰旄山,无草木。苍体之水出焉,而西流注于展水。其中多鱃鱼泥鳅,其状如鲤而大首,食者不疣。

又南三百二十里,曰东始之山,上多苍玉。有木焉,其状如杨而赤理,其汁如血,不实,其名曰芑同杞,可以服马以汁涂之,则马调良。泚水出焉,而东北流注于海,其中多美贝美丽的贝壳,多茈鱼,其状如鲋鲫鱼,一首而十身郝懿行案:似何罗鱼,其臭如蘼芜一说为川芎的幼苗,食之不糟音屁。

又东南三百里,曰女烝之山,其上无草木。石膏水出焉,而西注于鬲水，其中多薄鱼，其状如鳣鱼而一目，其音如欧如人呕吐声，见则天下大旱。

又东南二百里，曰钦山，多金玉而无石。师水出焉，而北流注于皋泽，其中多鱃鱼，多文贝。有兽焉，其状如豚而有牙，其名曰当康，其鸣自叫，见则天下大穰丰收。

又东南二百里，曰子桐之山，子桐之水出焉，而西流注于余如之泽。其中多鱃鱼，其状如鱼而鸟翼，出入有光，其音如鸳鸯，见则天下大旱。

又东北二百里，曰剡音善山，多金玉。有兽焉，其状如夔而人面，黄身而赤尾，其名曰合窳音宇，其音如婴儿。是兽也，食人，亦食虫蛇，见则天下大水。

又东二百里，曰太山，上多金玉、桢木。有兽焉，其状如牛而白首，一目而蛇尾，其名曰蜚或为水牛，行水则竭，行草则死，见则天下大疫。钩水出焉，而北流注于劳水，其中多鱃鱼。

凡东次四经之首，自北号之山至于太山，凡八山，一千七百二十里。

右东经之山，凡四十六山，万八千八百六十里。

译文

东方第四条山脉的首座山，是北号山。这座山临近北海。山上生长着一种树木，外形与杨树相似，开红色的花，结的果实像大枣，但没有核，味道酸甜可口，人吃了它可以预防疟疾。食水河从这里发源，向东北流入大海之中。此山中还生活着一种野兽，外形与狼相似，但长着红色的脑袋、老鼠一样的眼睛,叫声跟猪的哼哼声相似,名叫獙狙,这种动物能够吃人。山中有种鸟,外形长得像鸡,但长着白色的鸟头、老鼠一样的脚和老虎一样的爪子,名叫䴅雀,这种鸟也会吃人。

再往南三百里,有座旄山,山上没有花草树木。苍体河从这里发源,向西流入展水河中。苍体河里生活着大量的鳡鱼,外形与鲤鱼相似,但鱼头很大,人吃了它的肉可以不长肉瘤。

再往南三百二十里,有座东始山,山上盛产苍玉。山中有一种树木,外形像杨树,有红色的纹理,树干上流出的汁液就像人血一样,此树不能结果,名叫芑,把它的汁液涂在马身上,就可以驯服烈马。泚水河从这里发源,向东北流入大海之口。泚水河中有很多美丽的贝壳,也生活着大量的茈鱼,其外形与鲫鱼相似,长着一个脑袋、十个身体,闻起来有点蘼芜的味道,人吃了它的肉就会少放屁。

再往东南三百里,有座女烝山,山上没有花草树木。石膏河从这里发源,向西流入鬲水河中。石膏河里生活着大量的薄鱼,外形与鳝鱼相似,但只长着一只鱼眼,叫声就像是人呕吐时候的声音,这种鱼一旦出现,就意味着要发生严重的旱灾。

再往东南二百里,有座钦山,山上有大量的黄金、玉石,但没有石头。师水河从这里发源,向北流入皋涂河中。师水河里生活着大量的鳡鱼,也有很多漂亮的贝壳。钦山中生活着一种野兽,外形与小猪相似,但长着獠牙,名叫当康,它的名字就是其发出叫声时候的音节,这种野兽一旦出现,就预示着庄稼会有良好的收成。

再往东南二百里,有座子桐山,子桐河从这里发源,向西流入余如湖中。子桐河里生活着大量的鳙鱼,外形与一般的鱼相似,但长着鸟一样的翅膀，出入水中时会熠熠闪光，发出的叫声与鸳鸯相似，这种鱼一旦出现，就意味着要发生严重的旱灾。

再往东北二百里，有座剡山，山上储藏着丰富的金和玉。山中生活着一种野兽，外形与猪相似，但长着人一样的脸，黄色的躯体和红色的尾巴，名叫合窳，它的叫声就像婴儿哭泣一样。这种野兽会吃人，也吃虫子和蛇类，一旦出现，就意味着要发生严重的洪涝灾害。

再往东二百里，有座太山，山上有大量的黄金、玉石，还生长着繁密的桢树。山中生活着一种野兽，外形与牛相似，但长着白色的脑袋，一只眼睛，有蛇一样的尾巴，名叫蜚，这种动物走在河里，河水就会枯竭；走在草地上，花草就会枯死，它一旦出现，就预示着要发生严重的疫病。钩水河从这里发源，向北流入劳水河中。钩水河里生活着大量的鳡鱼。

上述东方第四列山脉，从北号山开始，直到太山，总计八座山，绵延一千七百二十里。

前述乃是关于东方诸山脉的记录。共计四十六座山，绵亘一万八千八百六十里。

卷五 中山经

中山经

中山经薄山_{在今山西永济}之首,曰甘枣之山。共水出焉,而西流注于河。其上多枒木,其下有草焉,葵本而杏叶,黄华_{同花}而荚实,名曰箨_{音唑},可以已瞢_{音蒙}。_{目不明也,或为夜盲症}。有兽焉,其状如㺎_{音独}鼠_{灰鼠的一种}而文题_{额头有纹},其名曰㔮_{音挪},食之已瘿_{颈部肿瘤}。

又东二十里,曰历儿之山,其上多橿,多枥木,是木也,方茎而员_{同圆}叶,黄华而毛,其实如楝_{音练。楝树,种子可入药},服之不忘。

又东十五里,曰渠猪之山,其上多竹。渠猪之水出焉,而南流注于河。其中是多豪鱼_{一说为鲟类},状如鲔_{似鳣也,中华鲟},赤喙尾赤羽,可以已白癣_{白癜风}。

又东三十五里,曰葱聋之山_{郝懿行案:自此以下七山亦皆与薄山连麓而异名},其中多大谷_{深沟高壑},是多白垩,黑、青、黄垩。

又东十五里,曰涹_{音窝}山,其上多赤铜,其阴多铁。

又东七十里,曰脱扈之山。有草焉,其状如葵叶而赤华,荚实,实如棕荚，名曰植楮音楚，可以已癙音鼠。又名鼠瘍，《说文》云：头肿也。食之不眯。

又东二十里，曰金星之山，多天婴一说为古生物化石，其状如龙骨动物化石，多指哺乳类，可以已痤痤疮。

又东七十里，曰泰威之山，其中有谷曰枭谷，其中多铁。

又东十五里，曰橿谷之山，其中多赤铜。

又东百二十里，曰吴林之山今山西吴山，为薄山山脉之一峰，其中多葌草一说为兰草。葌，同营。

又北三十里，曰牛首之山。有草焉，名曰鬼草白草，其叶如葵而赤茎，其秀如禾，服之不忧。劳水出焉，而西流注于潏音玉水。是多飞鱼，其状如鲋鱼鲫鱼，食之已痔衕音洞。痔疮和腹泻。

又北四十里，曰霍山，其木多榖。有兽焉，其状如狸，而白尾有鬣，名曰朏朏音匪。白鼬，养之可以已忧。

又北五十二里，曰合谷之山，是多薝棘一种沙棘。

又北三十五里，曰阴山，多砺石磨刀石、文石有花纹的石块。少水出焉，其中多雕棠一说为枸骨，又名木蜜，其叶如榆叶而方，其实如赤菽音叔。红小豆，食之已聋。

又东北四百里，曰鼓镫之山，多赤铜。有草焉，名曰荣草，其叶如柳，其本根茎如鸡卵，食之已风。

凡薄山之首，自甘枣之山至于鼓镫之山，凡十五山，六千六百七十里。历儿，冢也《尔雅·释诂》冢，大也。《疏》冢者，封之大也。此谓历儿山为薄山山脉祭祀之山，为冢山，其祠礼：毛，太牢牛、羊、猪三牲全备为"太牢"之具；县音悬，祭山之名也，埋于山足曰庋，埋于山上曰县以吉玉。

其余十三山者，毛用一羊，县婴用桑封袁珂注：系藻珪之误，瘗而不糈。桑封者，桑主也，方其下而锐其上，而中穿之加金言作神主而祭，以金银饰之也。

| 译文 |

中部的第一条山脉是薄山山脉，薄山山脉的首座山叫作甘枣山。共水河从这里发源，然后向西流入黄河之中。甘枣山上生长着大量的杻树，山下生长着一种草，长着冬葵一样的枝干和杏树一样的叶子，开黄色的花朵，能结出豆荚一样的果子，名叫箨，人吃了它就可以治愈视物不明。山中生活着一种野兽，外形与灰鼠相似，但额头上长有斑纹，名叫𩽾，人吃了它的肉就可以治愈瘿病。

再往东二十里，有座历儿山，山上生长着繁茂的檀树和枥树。这种枥树的枝干是方形的，树叶是圆形的，开黄色并且有绒毛的花，结出的果子跟楝实相似，人吃了这种果子就可以增强记忆力。

再往东十五里，有座渠猪山，山生长着繁密的竹子。渠猪河从这里发源，向南流入黄河。渠猪河中生活着大量的豪鱼，外形与鲔鱼相似，长着红色的、鸟喙一样的鱼嘴，尾巴上的羽毛也是红色的，人吃了这种鱼的肉就可以治愈白癣病。

再往东三十五里，有座葱聋山，山中有很多深沟高岭，这里遍布五颜六色的垩土。

再往东十五里，有座湊山，山上储藏有丰富的铜，山北面盛产铁。

再往东七十里，有座脱扈山，山上生长着一种草，外形像冬葵的叶子，开红色的花朵，结出的果实仿佛棕荚一般，名叫植楮，可以用来治愈瘾病。人吃了它也可以治疗梦魇。

再往东二十里，有座金星山，山上有很多天婴，外形与龙骨相似，可以用来治愈痤疮。

再往东七十里，有座泰威山，山中有一个沟谷名叫枭谷，里面有大量的铁。

再往东五十里，有座橿谷山，山中有大量的铜矿石。

再往东一百二十里，有座吴林山，山上生长着繁密的兰草。

再往北三十里，有座牛首山，山上生长着一种草，名叫鬼草。这种草的叶子与冬葵叶子相似，长着红色的茎干，它能像禾苗那样开花结果，人吃了这种草之后就可以忘记忧劳。劳水河从这里发源，向西流入潏水河中。劳水河里生活着大量能够跃出水面的鱼类，外形与鲫鱼相似，人吃了这种鱼肉就能够治愈痔疮。

再往北四十里，有座霍山，山上的树木以构树为主。山中生活着一种野兽，外形与狸类相似，但长着白色的尾巴，并且还长着又硬又长的鬃毛，名叫朏朏，人豢养这种动物就可以消解烦闷。

再往北五十二里，有座合谷山，山中生长着大量的薝棘草。

再往北三十五里，有座阴山，山口分布着大量的磨刀石和带有花纹的石块。少水河就从这里发源。山中生长着很多雕棠树，它的叶子与榆树叶子相似，但呈方形，果子与红豆相似，人吃了这种果子就能够治愈耳聋之病。

再往东北四百里，有座鼓镫山，山中分布着大量的铜矿石。山上生长着一种草类，名叫荣草，这种草的叶子与柳叶相似，草根如同鸡蛋一样，人吃了它就可以治愈风病。

前述薄山山脉，从甘枣山直到鼓镫山，总计十五座山，绵延六千六百七十里。历儿山乃薄山山系祭祀的冢山。祭祀的礼仪是：选用牛羊猪三牲作为祭品，祭祀时要用上好的美玉。其余的十三座山的祭祀礼仪是，选用一只羊作为祭品，将桑封环绕摆放，只埋入地下而不用精米再祭。所谓桑封，就是桑主，上尖下方，中间有孔并嵌入金饰。

中次二经

中次二经济山之首在今山西和河南境内，曰辉诸之山，其上多桑，其兽多闾、麋，其鸟多鹖音和。《说文》曰：鹖似雉而大，青色，有毛角，斗死而止。

又西南二百里，曰发视之山，其上多金玉，其下多砥砺磨刀石。即鱼之水出焉，而西流注于伊水。

又西三百里，曰豪山，其上多金玉而无草木。

又西三百里，曰鲜山，多金玉，无草木。鲜水出焉，而北流注于伊水。其中多鸣蛇，其状如蛇而四翼，其音如磬一种石制的打击乐器，可悬挂，声音悦耳，见则其邑大旱。

又西三百里，曰阳山，多石，无草木。阳水出焉，而北流注于伊水。其中多化蛇，其状如人面而豺身，鸟翼而蛇行，其音如叱呼，见则其邑大水。

又西二百里，曰昆吾之山，其上多赤铜。有兽焉，其状如彘而有角，其音如号，名曰蛩蛭，食之不眯。

又西百二十里，曰葌音尖山，葌水出焉，而北流注于伊水，其上多金玉，其下多青雄黄。有木焉，其状如棠而赤叶，名曰芒草莽草，有毒，可以毒鱼。

又西一百五十里，曰独苏之山，无草木而多水。

又西二百里，曰蔓渠之山，其上多金玉，其下多竹箭。伊水出焉，而东流注于洛。有兽焉，其名曰马腹，其状如人而虎身，其音如婴儿，是食人。

凡济山之首，自辉诸之山至于蔓渠之山，凡九山，一千六百七十里。其神皆人面而鸟身。祠用毛，用一吉玉，投将祭品投到山上而不糈。

| 译文 |

中部第二条山脉是济山山脉，济山山脉的首座山是辉诸山。山上生长着繁茂的桑树，山中的野兽以闲和麋鹿为主，鸟类以鹖为主。

再往西南二百里，有座发视山。山上出产大量的金和玉，山下出产大量磨刀石。即鱼河从这里发源，向西流入伊水河之中。

再往西三百里，有座豪山，山上分布着大量的金矿玉石，但没有花草树木。

再往西三百里，有座鲜山，山上分布着大量的金矿玉石，但没有花草树木。鲜水河从这里发源，向北流入伊水河中。鲜水河里游弋着大量的鸣蛇，外形与蛇相似，但长着四只翅膀，能发出磬一样的声音，这种蛇出现在哪里，哪里就会遭遇严重的旱灾。

再往西三百里，有座阳山，山上分布着大量的石头，但不长花草树木。阳水河从这里发源，向北流入伊水河中。阳水河里游弋着大量的化蛇，长着人一样的脸、豺一样的身躯、鸟一样的翅膀，像蛇一样爬行，它发出的叫声就像是人的叱骂声，这种动物出现在哪里，哪里就会遭遇严重的洪涝灾害。

再往西二百里，有座昆吾山，山上有丰富的铜矿。山中生活着一种野兽，外形与猪相似，但长有犄角，发出的叫声就像人在嚎啕大哭一般，名叫蚕蛭。人吃了它的肉就不会做噩梦。

再往西一百二十里，有座葌山，葌水河从这里发源，向北流入伊水河中。葌山上面出产大量的金矿、玉石，山下有大量的青雄黄。山中生长着一种树木，外形与棠梨相似，但长着红色的叶子，名叫芒草，这种草可以毒死鱼。

再往西一百五十里，有座独苏山，山上没有花草树木，但遍布着河湖水泊。

再往西二百里，有座蔓渠山，山上分布着大量的金矿玉石，山下生长着繁密的箭竹。伊水河从这里发源，向东流入洛河之中。山中生活着一种野兽，名叫马腹，它长着一张人脸、一副老虎似的躯干，发出的叫声像是婴儿声音，这种野兽能够吃人。

上述济山山脉，从辉诸山直到蔓渠山，共计九座山，绵延一千六百七十里。这些山中山神的形象都是人面、鸟身。祭祀时候选用毛物作为祭品，把一块上好的美玉投到山上，而不再用精米进行祭祀。

中次三经

中次三经贫音贝山一说在今河南新安之首，曰敖岸之山，其阳多㻬琈之玉，其阴多赭、黄金。神熏池居之。是常出美玉。北望河林，其状如茜如举茜，草也；举，木也，即榉柳。有兽焉，其状如白鹿而四角，名曰夫诸，见则其邑大水。

又东十里，曰青要之山，实惟帝之密都天帝曲密之邑。郝懿行案：《尔雅》云山如堂者密。北望河曲黄河，是多驾鸟一说为鹅。南望墠渚水中小洲为渚，禹父即鲧之所化，是多仆累、蒲卢蜗牛和田螺。䰠同神武罗司之，其状人面而豹文，小要同腰而白齿，而穿耳以镰音梁。金银制成的耳环，其鸣如鸣玉轻敲玉佩的声音。是山也，宜女子。畛音枕水出焉，而北流注于河。其中有鸟焉，名曰鴢音咬。或为鱼鹰，其状如凫，青身而朱目赤尾，食之宜子怀子嗣。有草焉，其状如葌，而方茎黄华赤实，其本如藁音稿本，名曰荀草，服之美人色。

又东十里曰騩音危山，其上有美枣，其阴有㻬琈之玉。正回之水出焉，而北流注于河。其中多飞鱼，其状如豚而赤文，服之不畏雷，可以御兵。

又东四十里，曰宜苏之山郝懿行案：在今河南孟津，其上多金玉，其下多蔓居之木蔓荆也。滽滽之水出焉，而北流注于河，是多黄贝。

又东二十里，曰和山，其上无草木而多瑶碧瑶玉和碧玉，实惟河之九都众多河流汇集之处。是山也，五曲山势婉蜒，九水出焉，合而北流注于河，其中多苍玉。吉神泰逢司之，其状如人而虎尾，是好居于萯山之阳，出入有光。泰逢神动天地气也能兴云雨也。

凡萯山之首，自敖岸之山至于和山，凡五山，四百四十里。其祠泰逢、熏池、武罗皆一牡羊副音劈。谓砍羊骨磔之以祭也，婴用吉玉。其二神用一雄鸡瘗之，糈用稌。

| 译文 |

中部第三条山脉是萯山山脉，首座山是敖岸山，山的南面出产大量的美玉，山的北面分布着大量的红土、黄金。天神熏池在这里居住。这座山盛产上等的玉石。从这里向北可以望见黄河滩上的大片树林，远远望去，看起来就像是一丛丛茜草，又像是一棵棵榉柳。山中生活着一种野兽，外形长得像白鹿，但长有四只犄角，名叫夫诸，这种动物，出现在哪里，哪里就会遭遇水涝之灾。

再往东十里，有座青要山，它其实是天帝在人间的一个秘密都邑。从青要山向北望，可以看见河曲，这里聚集了很多驾鸟。向南望去是墠渚，那是禹的父亲鲧化为黄熊之处。那里聚集着仆累、蒲卢一类的小虫子。山神武罗掌管那里，他的外形看起来是长着人一样的脸庞，身上长着豹一样的斑纹，腰部比较细，牙齿很白皙，耳朵上挂着金银制的耳环，他发出的声音就像是玉佩撞击的声音一样。此山适宜女子居住。畛水河从这里发源，向北流入黄河之中。山中生活着一种鸟，名叫鹓，外形与野鸭相似，周身青色，眼睛是浅红色的，尾巴是朱红色的，妇人吃了这种鸟的肉，就可以治愈不孕症。山中还长着一种草类，外形与兰草相似，但茎干是方形的，花朵是黄色的，果子是红色的，它的草根跟藁草的根相似，名叫荀草，人吃了这种草之后能够美容养颜。

再往东十里，有座騩山，山上生长着一种甜美的野枣，山的北面分布有美玉。正回河从这里发源，向北流入黄河之中。正回河中生活着很多飞鱼，外形与小猪相似，但长着红色的斑纹，人吃了这种鱼肉之后就不再害怕雷霆霹雳，也可以用以躲避兵器的戕害。

再往东四十里，有座宜苏山，山上有大量的金矿玉石，山下生长着繁密的蔓荆。滽滽河从这里发源，向北流入黄河之中。滽滽河里生活着大量的黄色贝类。

再往东二十里，有座和山，山上没有花草树木，但盛产瑶石和碧玉。这里实际上是黄河九曲汇聚之地。这座和山，蜿蜒曲折，山势复杂，九条水系从这里发源，向北合拢注入黄河之中。河水中沉积着大量的苍玉。吉神泰逢主管这座山。泰逢外形与人相似，但长着一条虎尾，他喜欢居住在萯山之南，每逢它出入萯山之时都会熠熠闪光。泰逢神能够搅动天地，兴风作雨。

上述萯山山脉，从敖岸山直到和山，共计五座山，绵延四百四十里。祭祀泰逢、熏池、武罗等山神时，都是选用一只公羊劈开进行祭礼，选用一块上等的美玉做祭品。其他两座山的山神祭祀，则选用一只雄鸡做祭品埋入地下，同时选用精米做供物。

中次四经

中次四经厘山之首，曰鹿蹄之山，其上多玉，其下多金。甘水出焉，而北流注于洛，其中多泠音赣石。

西五十里，曰扶猪之山，其上多礝音软石比玉差一点的石头。有兽焉，其状如貉而人目，其名曰䴦。虢水出焉，而北流注于洛，其中多瑀石即礝石。

又西一百二十里，曰厘山，其阳多玉，其阴多蒐茜草。有兽焉，其状如牛，苍身，其音如婴儿，是食人，其名曰犀渠犀牛属也。滽滽之水出焉，而南流注于伊水。有兽焉，名曰獭一说为水獭，其状如獳犬怒犬而有鳞，其毛如彘鬣。

又西二百里，曰箕尾之山，多榖，多涂石滑石，其上多㻬琈之玉。

又西二百五十里，曰柄山，其上多玉，其下多铜。滔雕之水出焉，而北流注于洛。其中多羬羊大角山羊。有木焉，其状如樗，其叶如桐而荚实，其名曰茇，可以毒鱼。

又西二百里，曰白边之山，其上多金玉，其下多青雄黄。

又西二百里，曰熊耳之山，其上多漆漆树，其下多棕。浮濠之水出焉，而西流注于洛，其中多水玉水晶，多人鱼娃娃鱼。有草焉，其状如苏而赤华，名曰葶苧，可以毒鱼。

又西三百里，曰牡山，其上多文石，其下多竹箭、竹𥳑。其兽多㸲牛、羬羊，鸟多赤鷩红腹锦鸡。

又西三百五十里，曰讙举之山。雒水出焉，而东北流注于玄扈之水，其中多马肠之物。此二山者，洛间也。

凡厘山之首，自鹿蹄之山至于玄扈之山，凡九山，千六百七十里。其神状皆人面兽身。其祠之：毛用一白鸡，祈而不糈；以采衣音意。包裹、覆盖之。

| 译文 |

中部第四条山脉是厘山山脉，首座山是鹿蹄山，山上散布着很多玉石矿，山下分布着大量的金矿石。甘水河从这里发源，向北流入洛水。甘水河河床中沉积着很多的泠石。

往西五十里，有座扶猪山，山上散布着很多礝石。山中生活着一种野兽，外形与貉相似，但长着人一样的眼睛，名叫麐。虢水河从这里发源，向北流入洛水，虢水河河床中沉积着大量的礝石。

再往西一百二十里，有座厘山，山的南面分布着大量的玉石矿，山的北面生长着繁密的蒐草。山中生活着一种野兽，外形与牛相似，通体青黑色，叫声如同婴儿啼哭，这种野兽能够吃人，它的名字叫作犀渠。潇潇河从这里发源，向南流入伊水河中。潇潇河流域生活着一种野兽，名叫獭，外形与獦犬相似，全身长有鳞片，它长着野猪一样的鬃毛。

再往西二百里，有座箕尾山。山中生长着繁密的构树，也盛产涂石。山上还有很多的彩玉。

再往西二百五十里，有座柄山。山上盛产玉石，山下分布着大量的铜矿石。滔雕河从这里发源，向北流入洛水。柄山中生活着很多羬羊。山中生长着一种树木，外形与樗树相似，树叶与桐叶相似，但果实是细长形如同荚类那样的，名叫茇，可以毒死鱼。

再往西二百里，有座白边山。山上盛产金矿玉石，山下散布着很多的青雄黄。

再往西二百里，有座熊耳山。山上生长着繁密的漆树，山下生长着繁盛的棕树。浮濠河从这里发源，向西流入洛水。浮濠河里沉积着大量的水晶石，有很多娃娃鱼。山中生长着一种草，外形与苏草相似，但开着红色的花朵，名叫葶苎，可以毒死鱼类。

再往西三百里，有座牡山。山上散布着很多有漂亮花纹的石块，山下生长着繁茂的箭竹和竹箘，山中的野兽以㸙牛、羬羊为主，鸟类以赤鷩鸟居多。

再往西三百五十里，有座谨举山。雒水河从这里发源，向东北流入玄扈河中。河里有很多类似马肠的怪物。在谨举、玄扈两山之间，夹着一条洛水。

上述厘山山脉，从鹿蹄山直到玄扈山，总计九座山，绵延一千六百七十里。这九座山的山神都是人面兽身。祭祀山神的礼仪是：选用一只白色鸡做祭品，只祈祷而不再选用精米祭祀，同时需要给白鸡缠绕上彩色的丝带。

中次五经

中次五经薄山之首,曰苟林之山,无草木,多怪石。

东三百里,曰首山,其阴多榖柞,其草多㣊芫山蓟和芫花,其阳多㻬琈之玉,木多槐。其阴有谷,曰机谷,多𪅂鸟长耳鸮,其状如枭而三目,有耳,其音如录同鹿,食之已垫下湿病。

又东三百里,曰县𬇹音竹之山,无草木,多文石。

又东三百里,曰葱聋之山,无草木,多𥕬同珤石石之次玉者。

东北五百里,曰条谷之山,其木多槐桐,其草多芍药、𧄔冬门冬,可入药。

又北十里,曰超山,其阴多苍玉,其阳有井,冬有水而夏竭。

又东五百里,曰成侯之山,其上多㯉木椿树,其草多芁即秦芁,大叶龙胆。

又东五百里,曰朝歌之山,谷多美垩。

又东五百里,曰槐山,谷多金锡。

又东十里，曰历山，其木多槐，其阳多玉。

又东十里，曰尸山，多苍玉，其兽多麖音京。郭璞注：似鹿而小黑色。尸水出焉，南流注于洛水，其中多美玉。

又东十里，曰良余之山，其上多榖柞构树和柞树，无石。余水出于其阴，而北流注于河；乳水出于其阳，而东南流注于洛。

又东南十里，曰蛊尾之山，多砺石、赤铜。龙余之水出焉，而东南流注于洛。

又东北二十里，曰升山，其木多榖柞棘，其草多薯蓣、蕙山药和香草，多寇脱通草，可入药。黄酸之水出焉，而北流注于河，其中多璇玉即玛瑙。

又东十二里，曰阳虚之山，多金，临于玄扈之水。

凡薄山之首，自苟林之山至于阳虚之山，凡十六山，二千九百八十二里。升山，冢也升山乃薄山山脉祭祀之山，为冢山，其祠礼：太牢牛、羊、猪三牲全备为"太牢"，婴以玉祭神用吉玉。首山䰠也，其祠用稌、黑牺、太牢之具，糵酿糵，《说文》释为牙米，以糵酿的酒、干儛同舞；干儛，干戚舞。《诗经·邶风·简兮》云"方将万舞"是也，置鼓击之以舞；婴用一璧。尸水，合天也天神之所，肥牲祠之，用一黑犬于上，用一雌鸡于下，刉切割、杀羊取血一牝羊母羊，献血血祭。婴用吉玉。采之用彩带装饰美玉，飨之请神明享用。

| 译文 |

中部第五条山脉是薄山山脉，首座山是苟林山，山上没有花草树木，

但有很多奇特的石头。

往东三百里，有座首山，山的北面生长着很多构树、柞树，山中的草类以山蓟、芫花为主，山的南面有很多彩玉，树木以槐树为主。首山的北面有一个山谷，名叫机谷，谷中生活着很多长耳鸮，它的外形看起来与一般的猫头鹰相似，但长着三只眼睛，还有一对耳朵，叫声与鹿鸣相似，人吃了它的肉可以治愈下湿病。

再往东三百里，有座县斸山，山上没有花草树木，但有很多带有花纹的石头。

再往东三百里，有座葱聋山，山上没有花草树木，但散布着很多庳石。

往东北五百里，有座条谷山，山上的树木以槐树和桐树为主，草类以芍药、门冬为主。

再往北十里，有座超山，山的北面散布着很多苍玉，山的南面有一个泉眼，这个泉眼冬天有水而夏天干枯。

再往东五百里，有座成侯山，山上生长着很多的椿树，山中的草类以秦艽为主。

再往东五百里，有座朝歌山，山谷中有很多上等的白土。

再往东五百里，有座槐山，山谷中有很多金矿、锡矿。

再往东十里，有座历山，山中的树木以槐树居多，山的南面盛产玉石。

再往东十里，有座尸山，山上盛产苍玉，山中的野兽以大鹿为主。尸水河从这里发源，向南流入洛水，河里沉积着大量上等的美玉。

再往东十里，有座良余山，山上生长着繁密的构树和柞树，没有巨石怪石。余水河从山的北面发源，向北流入黄河之中。乳水河从山的南面发源，向东南流入洛水。

再往东南十里，有座蛊尾山，山上盛产磨刀石、铜矿石。龙余河从这里发源，向东南流入洛水。

再往东北二十里，有座升山，山上的树木以构树、柞树和酸枣树为主，草类以山药、香草类为主，也有很多寇脱草。黄酸河从这里发源，向北流入黄河之中。黄酸河中沉淀着很多璇玉石。

再往东十二里，有座阳虚山，山上储藏着大量的黄金，这座山离玄扈河很近。

上述薄山山脉，从苟林山直到阳虚山，共计十六座山，绵延两千九百八十二里。升山是最为神圣的山，是冢山。祭祀升山的礼仪是：供上牛、羊、猪三牲，选用一块上等的美玉作为祭品。祭祀首山山神的礼仪是：选用稻米，整只黑色的猪、牛、羊，美酒作为供品，手持盾牌跳舞，摆上鼓并敲击应和；祀神的玉器选用玉璧。因尸水河能够通往上天，选用肥美的牲畜作祭品，将一只黑狗供在上面，一只母鸡供在下面，再杀一只母羊，以其血献祭。祀神的玉器要选用上等的吉玉，并用彩带装饰美玉，向神祈祷，请神享用。

中次六经

中次六经缟羝山之首今河南郏山山脉，曰平逢之山，南望伊、洛伊水和洛水，东望谷城之山河南谷城县西，无草木，无水，多沙石。有神焉，其状如人而二首，名曰骄虫，是为螫虫螫人的昆虫，实惟蜂蜜之庐蜂巢。其祠之：用一雄鸡，禳音瓤而勿杀。

西十里，曰缟羝之山，无草木，多金玉。

又西十里，曰廆山，其阴多㻬琈之玉。其西有谷焉，名曰雚谷当在河南洛阳附近，其木多柳楮柳树和楮树。其中有鸟焉，状如山鸡而长尾，赤如丹火而青喙，名曰鸰鹦，其鸣自呼，服之不眯。交觞之水出于其阳，而南流注于洛；俞随之水出于其阴，而北流注于谷水。

又西三十里，曰瞻诸之山，其阳多金，其阴多文石。㵽水出焉，而东南流注于洛；少水出其阴，而东流注于谷水。

又西三十里，曰娄涿之山，无草木，多金玉。瞻水出于其阳，而东流注于洛；陂水出于其阴，而北流注于谷水，其中多茈石、文石。

又西四十里,曰白石之山,惠水出于其阳,而南流注于洛,其中多水玉。涧水出于其阴,西北流注于谷水,其中多麋石画眉石、栌丹。

又西五十里,曰谷山,其上多榖,其下多桑。爽水出焉,而西北流注于谷水,其中多碧绿孔雀石。

又西七十二里,曰密山在今河南新安附近,其阳多玉,其阴多铁。豪水出焉,而南流注于洛,其中多旋龟见《南山经》,其状鸟首而鳖尾,其音如判木刀斧砍木之声。无草木。

又西百里,曰长石之山,无草木,多金玉。其西有谷焉,名曰共谷,多竹。共水出焉,西南流注于洛,其中多鸣石石鼓。

又西一百四十里,曰傅山,无草木,多瑶碧。厌染之水出于其阳,而南流注于洛,其中多人鱼。其西有林焉,名曰墦冢。谷水出焉,而东流注于洛,其中多珚玉一说为珉玉。

又西五十里,曰橐音陀山,其木多樗,多楠木梧木,又名五倍子树,漆树科,其阳多金玉,其阴多铁,多萧郭璞注云:即蒿也。橐水出焉,而北流注于河。其中多修辟之鱼,状如黾音猛、蛙属而白喙,其音如鸱,食之已白癣。

又西九十里,曰常烝之山,无草木,多垩。潐水出焉,而东北流注于河,其中多苍玉。菑音吱水出焉,而北流注于河。

又西九十里,曰夸父之山,其木多棕柟,多竹箭,其兽多㸲牛羬羊,其鸟多鷩即锦鸡,其阳多玉,其阴多铁。其北有林焉,名曰桃林,是广员三百里,其中多马。湖水出焉,而北流注于河,其中多珚玉。

又西九十里,曰阳华之山,其阳多金玉,其阴多青雄黄,其草多薯蓣山药,多苦辛即细参,味苦而辛,其状如楸音肖。同楸,楸树,其实如瓜，其味酸甘，食之已疟。杨水出焉，而西南流注于洛，其中多人鱼。门水出焉，而东北流注于河，其中多玄㲉黑砥石。䃌姑之水出于其阴，而东流注于门水，其上多铜。门水出于河，七百九十里入雒水。

凡缟羝山之首，自平逢之山至于阳华之山，凡十四山，七百九十里。岳在其中郝懿行案：岳当为华山也，以六月祭之六月亦岁之中，如诸岳之祠法，则天下安宁。

| 译文 |

中部第六条山脉是缟羝山脉，首座山是平逢山。山南可以看见伊水和洛水，东面可以看见谷城山。平逢山上没有草木，没有水系，有很多的沙石。山上有一位天神，外形与人相似，但长了两个脑袋，名叫骄虫，掌管所有螫人的昆虫，这里其实是群蜂聚集的巢穴。祭祀的礼仪是，选用一只雄鸡作为祭品，祈祷但不要杀死这只雄鸡。

往西十里，有座缟羝山，山上没有花草树木，但盛产金矿玉石。

再往西十里，有座廆山，山的北面盛产彩玉。山的西面有一个山谷，名叫雚谷。山中的树木以柳树和构树为主。山谷中栖居着一种鸟，外形与山鸡相似，有着长长的尾巴，身上的羽毛红似火，但长着青色的鸟喙，它的名字叫鸰䳟，它因自己的叫声而得名，人穿着这种鸟的羽毛织成的衣服，就可以防止梦魇。交觞河从廆山的南面发源，向南流入洛水；俞随河从廆山的北面发源，向北流入谷水。

再往西三十里，有座瞻诸山，山的南面盛产黄金，山的北面到处都是有纹理的石头。渐水河从这里发源，向东南流入洛水；少水河从瞻诸山的北面发源，向东流入谷水河中。

再往西三十里，有座娄涿山。山上没有花草树木，但盛产金矿玉石。瞻水河从山的南面发源，向东流入洛水；陂水河从山的北面发源，向北流入谷水河中。陂水河河床中沉积着大量的紫石、带花纹的石头。

再往西四十里，有座白石山，惠水河从山的南面发源，向南流入洛水，惠水河里沉淀着大量的水晶。涧水河从山的北面发源，向西北流入谷水河中，涧水河河岸两旁有很多画眉石和栌丹。

再往西五十里，有座谷山，山上生长着大量的构树，山下生长着繁密的桑树。爽水河从这里发源，向西北流入谷水河中，爽水河里沉淀着大量的孔雀石。

再往西七十二里，有座密山，上的南面盛产玉石，山的北面储藏有丰富的铁矿石。豪水河从这里发源，向南流入洛水。豪水河里生活着很多旋龟，它的外形看起来像是长了一个鸟头和一条鳖尾巴，发出的叫声如同砍木头的声音。山上没有花草树木。

再往西一百里，有座长石山，山上没有花草树木，但盛产金矿玉石。山的西面有一个山谷，名叫共谷。谷中生长着繁密的竹子。共水河从这里发源，向西南流入洛水。河水中沉淀着大量的鸣石。

再往西一百四十里，有座傅山，山上没有花草树木，但盛产瑶玉和碧玉。厌染河从山的南面发源，向南流入洛水，厌染河里生活着大量的娃娃鱼。傅山的西面有一座树林，名叫墦冢。谷水河从那里发源，向东流入洛水，谷水河里沉淀着大量的珚玉。

再往西五十里，有座橐山，山上的树木以樗树为主，也有很多桔树。山的南面盛产金矿玉石，山的北面储藏着丰富的铁。山中生长着繁密的萧草。橐水河从这里发源，向北流入黄河之中。橐水河里生活着大量的修辟鱼，其外形与蛙类相似，但长着白色的鱼嘴，叫声很像猫头鹰，人吃了它的肉就能够治愈白癣病。

再往西九十里，有座常烝山，山上没有花草树木，盛产垩土。潐水河从这里发源，往东北流入黄河之中。谯水河里沉淀着大量的苍玉。葡水河从这里发源，向北流入黄河之中。

再往西九十里，有座夸父山，山中的树木以棕树和楠树为主，还生长着繁密的竹箭，野兽以㸲牛、羬羊为主，鸟类以锦鸡为主，山的南面盛产玉石，山的北面储藏有丰富的铁矿石。山的北部有一处林子，名叫桃林，这座林子方圆达三百余里，林中生活着大量的野马。湖水河从这里发源，向北流入黄河之中，湖水河中沉淀着大量的珚玉。

再往西九十里，有座阳华山，山的南面盛产金矿玉石，山的北面有大量的青雄黄。山中的草类以芍药为主，也生长着大量的苦辛草，苦辛草的外形与楸树相似，果子外形与一般的瓜相似，味道又酸又甜，人吃了它就可以治愈疟疾。杨水河从这里发源，向西南流入洛水，杨水河里生活着大量的娃娃鱼。门水河也从这里发源，向东北流入黄河之中，门水河中沉淀着大量的黑色砥石。緡姑河从阳华山的北面发源，向东流入门水河中，緡姑河里沉淀着大量的铜砂。门水河源出自黄河，流经七百九十里之后注入雒水河中。

上述缟羝山山脉，从平逢山直到阳华山，共计十四座山，绵延七百九十里。华山在这一区域之中，如果在每年的六月份登山祭祀，与祭祀其他山岳的礼仪一样，就会天下安宁。

中次七经

中次七经苦山之首在今河南省东部，曰休与之山。其上有石焉，名曰帝台之棋，五色而文，其状如鹑卵鹌鹑蛋，帝台之石，所以祷百神者也，服之不蛊不感染蛊毒。有草焉，其状如蓍音师。《说文》曰：蓍，蒿属，赤叶而本根茎丛生，名曰夙条，可以为簳音赶。箭杆。

东三百里，曰鼓钟之山，帝台之所以觞百神也举觞燕会则于此，山因名为鼓钟也。有草焉，方茎而黄华，员叶而三成，其名曰焉酸，可以为毒解毒。其上多砺，其下多砥。

又东二百里，曰姑媱之山。帝女死焉，其名曰女尸，化为䔄草蒲草，其叶胥成重叠，叶相重也，其华黄，其实如菟丘菟丝子，服之媚于人为人所爱。

又东二十里，曰苦山。有兽焉，名曰山膏，其状如豚，赤若丹火，善詈音厉。喜欢骂人。其上有木焉，名曰黄棘，黄华而员叶，其实如兰，服之不字怀孕。有草焉，员叶而无茎，赤华而不实，名曰无条《西山经》

皋涂山有之，或为同名异物，服之不瘿音影。

又东二十七里，曰堵山，神天愚居之，是多怪风雨。其上有木焉，名曰天楄音边，方茎而葵状，服者不喔音夜。同咽，意为食不下咽。

又东五十二里，曰放皋之山，明水出焉，南流注于伊水，其中多苍玉。有木焉，其叶如槐，黄华而不实，其名曰蒙木槐属，服之不惑。有兽焉，其状如蜂，枝尾而反舌类似于变色龙一样的舌头，反着生长，善呼，其名曰文文。

| 译文 |

中部第七条山脉是苦山，它的第一座山叫休与山。山上有一种石子，是帝台神用来下棋的。这种石子五彩斑斓，有花纹，外形看起来如同鹌鹑蛋。帝台石，也是在向天神祈祷时候才用的。人佩戴这种石头能够不受蛊毒之害。山中生长着一种草，外形与蓍草相似，长着红色的叶子，草根丛生，名叫夙条，能够用来制作箭杆。

往东三百里，有座鼓钟山，这是帝台用来奏乐宴会诸神的地方。山上生长着一种草，茎干是方形的，花朵是黄色的，叶子是圆形的，并且长成三重，名叫焉酸，这种草能够用于疗毒。山上山下均盛产磨刀石。

再往东二百里，有座姑媱山，天帝的女儿在这里死去，死后人称其为女尸，女尸转化为䔄草，它的叶子是重叠生长的，所开的花朵是黄色的，果实与菟丘相似，穿着它们制成的衣服会让人喜爱。

再往东二十里，有座苦山，有一种野兽，名叫山膏，它的外形长得像小猪，周身赤红色，像一团火，这和野兽经常骂人。有一种树木，名叫黄棘，开着黄色的花朵，长着圆形的叶子，结出的果实与兰花相似，女人吃了这种果子就会不孕。有一种草，圆形的叶子，没有茎干，开着红色的花朵，不结果实，名叫无条，人吃了这种草就可以治愈瘿病。

再往东二十七里，有座堵山，山神天愚居住在这里，山上时常刮怪风怪雨。山上生长着一种树木，名叫天楄，长着方形的茎干，看起来与葵类植物相似，人吃了它的果子就可以治疗吞咽困难的病。

再往东五十二里，有座放皋山，明水河从这里发源，并向南流入伊水河。明水河里沉淀着大量的苍玉。山中生长着一种树木，叶子与槐叶相似，开着黄色的花朵，但不结果实，名叫蒙木。人吃了它之后就会变得神志清醒。有一种野兽，外形与蜜蜂相似，尾巴像树枝一样，舌头反着生长，能够发出鸟叫一样的声音，名叫文文。

又东五十七里，曰大苦之山，多㻬琈之玉，多麋玉瑁玉，石之似玉者。有草焉，其状叶如榆，方茎而苍伤苍刺，其名曰牛伤牛棘，今野蔷薇，其根苍文同纹，服者不厥昏厥，可以御兵。其阳狂水出焉，西南流注于伊水，其中多三足龟，食者无大疾，可以已肿。

又东七十里，曰半石之山，其上有草焉，生而秀茂盛，其高丈余，赤叶赤华，华而不实开花不结果，其名曰嘉荣，服之者不霆不怕雷劈。来需之水出于其阳，而西流注于伊水，其中多䱨音伦鱼即鳊鱼，黑文，其状如鲋鲫鱼，食者不睡《太平御览》引此经作"不肿"。合水出于其阴，而北流注于洛，多鰧音腾鱼，状如鳜桂鱼，居逵水中的穴道或沟渠，苍文赤尾，食者不痈肿也，可以为瘘瘘疮。

又东五十里，曰少室之山，百草木成囷圆形的粮仓。其上有木焉，其名曰帝休，叶状如杨，其枝五衢音梁。形容树枝交错，黄华黑实，服者不怒。其上多玉，其下多铁。休水出焉，而北流注于洛，其中多䱱鱼鲵，状如䱻蜼音周位。《尔雅》云：蜼似猕猴；一说为金丝猴而长距爪子，足白而对足趾相向而生，食者无蛊疾，可以御兵。

又东三十里，曰泰室之山，其上有木焉，叶状如梨而赤理，其名曰栯木，服者不妒。有草焉，其状如荋音竹。山蓟，白华黑实，泽如蘡薁山葡萄，其名曰蓇草，服之不昧王念孙改为"不眯"，不做噩梦，上多美石。

又北三十里，曰讲山，其上多玉，多柘柘树，多柏。有木焉，名曰帝屋，叶状如椒花椒树，反伤树有倒刺赤实，可以御凶。

又北三十里，曰婴梁之山，上多苍玉，錞于玄石言苍玉依黑石而生。

又东三十里，曰浮戏之山，有木焉，叶状如樗而赤实，名曰亢木一说为冬青，食之不蛊。汜水出焉，而北流注于河。其东有谷，因名曰蛇谷，上多少辛细辛。

又东四十里，曰少陉之山。有草焉，名曰茼草《尔雅》有此草，或为茼米，叶状如葵，而赤茎白华，实如蘡薁，食之不愚使人聪明。器难之水出焉，而北流注于役水。

又东南十里，曰太山。有草焉，名曰梨，其叶状如荻蒿草而赤华，可以已疽痈肿之病。太水出于其阳，而东南流注于役水；承水出于其阴，而东北流注于役水。

又东二十里，曰末山，上多赤金。末水出焉，北流注于役水。

又东二十五里，曰役山，上多白金，多铁。役水出焉，北流注于河。

又东三十五里曰敏山，上有木焉，其状如荆，白华而赤实，名曰葪柏翠柏，服者不寒令人耐寒。其阳多㻬琈之玉。

又东三十里，曰大騩之山，其阴多铁、美玉、青垩。有草焉，其状如蓍而毛，青华而白实，其名曰㮆郭本作㮆，《尔雅》释：草名，似蓍，花青白，服之不夭言尽（益）寿也，可以为腹病。

凡苦山之首，自休与之山至于大騩之山，凡十有九山，千一百八十四里。其十六神者，皆豕身而人面。其祠：毛牷用一羊羞同馐，婴用一藻玉玉有五彩者瘗。苦山、少室、太室皆冢也，其祠之：太牢之具，婴以吉玉。其神状皆人面而三首，其余属皆豕身人面也。

| 译文 |

再往东五十七里，有座大苦山，山上盛产彩玉，也有很多琈玉。有一种草，它的叶子与榆树叶相似，茎干是方形的，并且长有苍色的小刺，名叫牛伤，它的根部有黑色的纹理，人吃了这种草之后不容易昏厥，还可以防御兵乱。山的南面有一条狂水河，向西南流入伊水河中。狂水河里生活着许多三足龟，人吃了它的肉就不会得大的疾病，还可以用来治愈肿胀之病。

再往东七十里，有座半石山，有一种草，生长得很快，破土即开花，极其茂盛，有一丈多高，叶子和花朵都是红色的，开花不结果，名叫嘉荣，人在衣服上佩戴着这种草就不惧怕被雷劈。来需河从山的南面向西流入伊水河中，河里生活着大量鲍鱼，这种鱼长着黑色的纹理，外形像鲫鱼，人吃了它不会困倦。合水河从山的北面向北流入洛水河，合水河里生活着大量的䲓鱼，外形像鳜鱼，栖居在水中的洞穴中，身上长着苍色的纹理，红色的鱼尾，人吃了它之后可以治疗痈肿，也可以治愈瘘疮。

再往东五十里，有座少室山，这里各种草木丰茂，囤聚在一起如同粮仓的形状。山中生长着一种树木，名叫帝休，它叶子的形状与杨叶相似，树枝交错，分为五叉，开着黄色的花朵，结出黑色的果实，人吃了这种果子之后就能变得心神平和。山上有大量的玉石，山下储藏丰富的铁矿。休水河从这里发源，并向北流入洛水，休水河里生活着大量的鯑鱼，外形像盩蜼，但长着一对长长的爪子，脚是白色的，脚趾相向而生，人吃了它可以不受蛊毒，还可以抵御兵乱。

再往东三十里，有座泰室山，有一种树木，树叶与梨树的叶子相似，但长着红色的纹理，名叫栯木，人吃了这种树叶之后就会不再嫉妒。有一种草，外形看起来与苿草相似，开白色的花朵，结黑色的果实，果实光滑如同野葡萄，名叫䔄草，人吃了它就不做噩梦。山上还盛产美石。

再往北三十里，有座讲山。山上盛产玉石，还生长着繁密的柘树和柏树。山中生长着一种树木，名叫帝屋，树叶形状与花椒叶相似，树叶下面长有倒刺，结出的果子是红色的，能够用来防备凶险的发生。

再往北三十里，有座婴梁山，山上盛产苍玉，这些苍玉附着于黑石之上。

再往东三十里，有座浮戏山，有一种树木，树叶与樗树的相似，结红色的果子，名叫亢木，人吃了这种果子之后能够不受蛊毒。汜水河从这里发源，并向北流入黄河之中。汜水河的东边有一个山谷，名叫蛇谷，蛇谷里生长着大量的细辛。

再往东四十里，有座少陉山，有一种草，名叫茼草，它的叶子看起来与葵类叶子相似，但茎干是红色的，花朵是白色的，果子与野葡萄相似，人吃了这种果子之后会变得聪明。器难河从这里发源，并向北流入役水河中。

再往东南十里，有座太山，有一种草，名叫梨。它的叶子看起来与萩叶相似，红色的花朵，能够治愈痈肿之病。太水河从山的南面向东南流入役水河；承水河从山的北面向东北流入役水河。

再往东二十里，有座末山，山上分布着大量的黄金。末水河从这里发源，并向北流入役水河中。

再往东二十五里，有座役山，山上盛产白银和铁。役水河从这里发源，并向北流入黄河之中。

再往东三十五里，有座敏山，山上有一种树木，外形与荆树相似，开着白色的花朵，结出红色的果子，名叫蓟柏，人吃了它就不怕寒冷。敏山的南面盛产彩玉。

再往东三十里，有座大騩山，山的北面盛产铁矿石、上等的玉石和青色的颜料土。山上生长着一种草，外形看起来与蓍草相似，但长有绒毛，开着青色的花朵，结出白色的果子，名叫蒗，人吃了这种果子就可以延年益寿，也可以治愈腹病。

上述的苦山山脉，从休与山直到大騩山，总计十九座山，绵延一千一百八十四里。其中的十六位山神，都是猪身人面。祭祀的礼仪是：以羊为祭品贡献给神祇，选用一块有五彩斑纹的玉埋入地下。苦山、少室和太室三座山都是冢山，祭祀它们的礼仪是：以牛、羊、猪三牲为祭品向神贡献；选用一块上等的美玉作为贡品。这三座山的山神都长着人脸，有三个头；其他的山神都是猪身人脸的样子。

中次八经

中次八经荆山之首在今湖北荆山，曰景山，其上多金玉，其木多杼檀栎树和檀树。雎水出焉，东南流注于江，其中多丹粟，多文鱼有斑彩也，即花鲢。

东北百里，曰荆山，其阴多铁，其阳多赤金，其中多犛牛牦牛属，多豹虎，其木多松柏，其草多竹，多橘櫾柚子。漳水出焉，而东南流注于雎，其中多黄金，多鲛鱼。其兽多闾麋。

又东北百五十里，曰骄山，其上多玉，其下多青䨼青色矿物颜料，其木多松柏，多桃枝钩端刺竹、毛竹。神蠱围龙神处之，其状如人面，羊角虎爪，恒游于雎漳之渊，出入有光。

又东北百二十里，曰女几之山，其上多玉，其下多黄金，其兽多豹虎，多闾麋麖麂麖，黑鹿；麂，赤鹿；似獐而大，声如犬吠，其鸟多白鹇白色长尾雉，多翟长尾山鸡，多鸩一种雕，食蝮蛇。

又东北二百里，曰宜诸之山，其上多金玉，其下多青䨼。洈水出焉，

长尾鸡：长尾巴的山雉、野鸡。古代服饰和仪仗常用的雉羽通常就是其尾羽。

長尾鶏

而南流注于漳，其中多白玉。

又东北三百五十里，曰纶山，其木多梓枬梓树和楠树，多桃枝，多柤一说为山楂栗橘櫾，其兽多闾麋音主。俗称"四不像"麖臭音绰。似兔而大。

又东二百里，曰陆郳音诡之山，其上多㻬琈之玉，其下多垩，其木多杻檀。

又东百三十里，曰光山，其上多碧，其下多水。神计蒙龙神处之，其状人身而龙首，恒游于漳渊，出入必有飘风暴雨。

又东百五十里，曰岐山，其阳多赤金，其阴多白珉石似玉者，其上多金玉，其下多青雘，其木多樗。神涉䘆音陀。赤龙神处之，其状人身而方面三足。

又东百三十里，曰铜山，其上多金银铁，其木多榖柞柤栗橘櫾，其兽多犳音卓。豹纹兽。

译文

中部第八条山脉是荆山山脉，首座山是景山，山上盛产金矿玉石，树木以栎树和檀树为主。雎水河从这里发源，并向东南流入长江之中。雎水河里有大量的丹砂，还有众多的花鲢鱼。

往东北一百里，有座荆山，山的北面储藏有丰富的铁矿，山的南面有大量的黄金矿。山中有数量众多的牦牛，也有大量的豹子、老虎，山中的树木以松树和柏树为主，还有很多橘子树和柚子树，草类以竹子为主。漳水河从这里发源，并向东南流入雎水河。漳水河里沉积着大量的金砂,河水中有众多的鲛鱼。山中的野兽以山驴和麋鹿为主。

再往东北一百五十里,有座骄山,山上有大量的玉石,山下有很多丹青石。山中的树木以松树、柏树为主,还有很多刺竹、毛竹之类的植物。天神鼍围居住在这里,它的样貌像人,长羊角、虎爪,常在睢水河、漳水河深处游弋,在水中游动的时候往往会熠熠闪光。

再往东北一百二十里,有座女几山,山上有很多玉石,山下盛产金矿,山中的野兽以豹子、老虎为主,也有很多山驴、麋鹿、麖、鹿。鸟类以白鹇为主,有很多山鸡、鸩鸟。

再往东北二百里,有座宜诸山,山上有大量的金矿、玉石,山下有许多丹青石。洈水河从这里发源,并向南流入漳水河中,洈水河里有大量的白玉石。

再往东北三百五十里,有座纶山,山中的树木以梓树和楠树为主,有很多的刺竹,也有很多的柤树、板栗树、橘树、柚树等,山中的野兽以山驴、麈、麢、㚟为主。

再往东二百里,是陆郳山。山上盛产彩玉,山下有很多土。山中的树木以杻树和檀树为主。

再往东一百三十里,有座光山,山上盛产碧玉。山下有许多河流。天神计蒙居住在这里,人身、龙头,经常游弋在漳水河中,出入时往往会伴随疾风骤雨。

再往东一百五十里,有座岐山,山的南面盛产黄金,山的北面盛产白玉石,山上有很多金矿玉石,山下有大量的丹青石,山中的树木以樗树为主。天神涉蠹在这里居住,它长着人一样的外形、方脸,还有三只脚。

再往东一百三十里，有座铜山，山上有大量的金矿、银矿和铁矿，山中的树木以构树、柞树、柤树、板栗树、橘树、柚树为主，野兽以豹为主。

又东北一百里，曰美山，其兽多兕牛独角犀牛，多闾、麈，多豕鹿，其上多金，其下多青䨼。

又东北百里，曰大尧之山，其木多松柏，多梓桑，多机桤木，其草多竹，其兽多豹、虎、麢、㚟。

又东北三百里，曰灵山，其上多金玉，其下多青䨼，其木多桃李梅杏。

又东北七十里，曰龙山，上多寓木一名宛童，绿色半寄生灌木，其上多碧，其下多赤锡，其草多桃枝钩端。

又东南五十里，曰衡山，上多寓木榖柞，多黄垩、白垩。

又东南七十里，曰石山，其上多金，其下多青䨼，多寓木。

又南百二十里，曰若山，其上多㻬琈之玉，多赭赭石，多封石石之次玉者，多寓木，多柘。

又东南一百二十里，曰彘山，多美石，多柘。

又东南一百五十里，曰玉山，其上多金玉，其下多碧铁，其木多柏。

又东南七十里，曰灌山，其木多檀，多封石，多白锡。郁水出于其上，潜于其下，其中多砥砺。

又东北百五十里，曰仁举之山，其木多榖柞，其阳多赤金，其阴多赭。

又东五十里，曰师每之山，其阳多砥砺，其阴多青䨼，其木多柏，多檀，多柘，其草多竹。

又东南二百里，曰琴鼓之山，其木多榖柞椒柘，其上多白珉，其下多洗石，其兽多㹌鹿，多白犀，其鸟多鸩。

凡荆山之首，自景山至琴鼓之山，凡二十三山，二千八百九十里。其神状皆鸟身而人面。其祠：用一雄鸡祈瘗，婴用一藻圭，糈用稌。骄山，冢也。其祠：用羞酒少牢祈瘗，婴毛 疑为婴用之误 一璧。

|译文|

再往东北一百里，有座美山，山中的野兽以独角犀牛和野牛为主，也有很多野驴、麈、野猪和鹿，山中盛产黄金，山下有大量的丹青石。

再往东北一百里，有座大尧山，山上的树木以松树和柏树为主，也有很多梓树和桑树，还有很多的桤树。山中的草类以毛竹居多，野兽以豹子、老虎、麢、臭为主。

再往东北三百里，有座灵山，山上盛产金矿、玉石，山下分布着大量的丹青石，山中的树木以桃树、李树、梅树和杏树为主。

再往东北七十里，有座龙山，山中生长着大量的寓木，山上分布着大量的碧玉，山下盛产红锡，山中的草类以毛竹、刺竹为主。

再往东南五十里，有座衡山，山上兰长着大量的寓木、构树和柞树，也分布着大量的黄、白色垩土。

再往东南七十里，有座石山，山上盛产黄金，山下有大量的丹青石，山中生长着很多寓木。

再往南一百二十里，有座若山，山上盛产美玉，也有很多红土，还有出产大量的封石，山中生长着茂密的寓木和柘树。

再往东南一百二十里，有座彘山，山上有上等的石料，生长着众多的柘树。

再往东南一百五十里，有座玉山，山上有大量金矿、玉石，山下盛产碧玉和铁，山中的树木以柏树居多。

再往东南七十里，有座谨山，山中的树木以檀树为主，山上盛产封石，也有大量的白锡。郁水河从山上发源，在山脚下开始潜流于地下。郁水河里沉积着大量的磨刀石。

再往东北一百五十里，有座仁举山，山中的树木以构树和柞树为主，山的南面盛产金矿石，山的北面盛产赭石。

再往东五十里，有座师每山，山的南面出产大量的磨刀石，山的北面盛产丹青石，山中的树木以柏树为主，也有很多的檀树、柘树。山中的草类以毛竹为主。

再往东南二百里，有座琴鼓山，山中的树木以构树、柞树、花椒、柘树为主，山上盛产白珉石，山下有很多洗石。山中的野兽以野猪、鹿类为主，还有很多白犀牛，鸟类多是鸩。

上述荆山山系，从景山直到琴鼓山，共计二十三座山，绵延两千八百九十里。诸山山神的形貌都是鸟的身子和人的面孔。祭祀山神的礼仪是：选用一只公鸡作为祭品，祭祀后埋入地下，选用一块藻圭作为供品，选用稻米作为祀神的米。骄山是冢山，祭祀骄山山神的礼仪是：用美酒和猪、羊来祭祀，之后埋入地下，选用一块上好的玉璧作为祀神的玉器。

中次九经

中次九经岷山之首今四川岷山，曰女几之山，其上多石涅石墨，其木多杻橿，其草多菊䒬。洛水出焉，东注于江，其中多雄黄，其兽多虎豹。

又东北三百里，曰岷山，江水出焉，东北流注于海，其中多良龟，多鼍中华鼋，俗称扬子鳄。其上多金玉，其下多白珉。其木多梅棠，其兽多犀象，多夔牛野牛，其鸟多翰鷩白翰赤鷩。

又东北一百四十里，曰崃山，江水出焉长江支流，东流注于大江。其阳多黄金，其阴多麋麈，其木多檀柘，其草多薤韭，多药白芷、空夺蛇皮脱也。

又东一百五十里，曰崌山，江水出焉，东流注于大江，其中多怪蛇，多鳌鱼即鲥鱼，其木多楢楢，刚木也,坚韧可做车轮杻，多梅梓，其兽多夔牛、羚、臭、犀、兕。有鸟焉，状如鸮而赤身白首，其名曰窃脂，可以御火。

又东三百里，曰高梁之山，其上多垩，其下多砥砺，其木多桃枝、钩端。有草焉，状如葵而赤华，荚实白柎花萼，可以走马使马快跑。

| 译文 |

中部第九条山脉是岷山山脉，首座山是女几山，山上盛产石墨，山中的树木以杻树和檀树为主，草类以菊科和山蓟为主。洛水河从这里发源，并向东流入长江之中。这里有大量的雄黄，野兽以虎豹为主。

再往东北三百里，有座岷山，长江从这里发源，向东北流入大海之中，长江中生活着很多龟，也有很多鼍。岷山上盛产金矿、玉石，山下盛产白珉。山中的树木以梅树和棠树为主，野兽以犀牛、大象为主，也有很多野牛，鸟类以白翰、赤鷩为主。

再往东北一百四十里，有座崃山，江水从这里流出，并向东流入长江干流。崃山的南面有大量金矿，山的北面生活着众多的麋鹿和黑鹿，山中的树木以檀树、柘树为主，草类以薤菜、野韭菜类为主。还有大量白芷、蛇皮。

再往东一百五十里，有座崌山，江水从这里流出，并向东流入长江，江水河中生活着大量怪蛇，也有众多的鲻鱼。山中以杻树和楢树为主，也有大量的梅树和梓树。野兽多野牛、麢、臭、犀牛和兕。有一种鸟，外形像鸦，红身，白头，名叫窃脂，能够用来防火。

再往东三百里，有座高梁山，山上分布着大量的白色土，山下盛产磨刀石，山中的树木以毛竹类为主。山里长着一种草，外形与冬葵相似，开红色的花，果实呈荚形，花萼是白色的，这种草能使马快跑。

又东四百里，曰蛇山，其上多黄金，其下多垩，其木多栒，多豫章樟木也，见《西次二经》，其草多嘉荣见《中次七经》、少辛。有兽焉，其状如狐，而白尾长耳，名虵狼，见则国内有兵。

又东五百里，曰鬲山，其阳多金，其阴多白珉。蒲鸏之水出焉，而东流注于江，其中多白玉。其兽多犀象熊罴，多猿、蜼一说为金丝猴。

又东北三百里，曰隅阳之山，其上多金玉，其下多青䨄，其木多梓桑，其草多茈紫草。徐之水出焉，东流注于江，其中多丹粟细丹砂。

又东二百五十里，曰岐山，其上多白金，其下多铁，其木多梅梓，多杻楢。减水出焉，东南流注于江。

又东三百里，曰勾㰝音迷之山，其上多玉，其下多黄金，其木多栎柘，其草多芍药。

又东一百五十里，曰风雨之山，其上多白金，其下多石涅，其木多椒音邹，川箭竹、大箭竹樿音善，白理木，一说为黄杨，多杨。宣余之水出焉，东流注于江，其中多蛇。其兽多闾麋麈，多豹虎，其鸟多白鸐白长尾雉。

又东北二百里，曰玉山，其阳多铜，其阴多赤金，其木多豫章楢杻，其兽多豕鹿麢㚟，其鸟多鸩。

又东一百五十里，曰熊山，有穴焉，熊之穴，恒出神人。夏启而冬闭；是穴也，冬启乃必有兵。其上多㺨玉，其下多白金，其木多樗柳，其草多寇脱通草，可入药。

| 译文 |

再往东四百里，有座蛇山，山上有大量的黄金，山下盛产垩土，山中的树木以枸树为主，还有很多樟树，山中的草类以嘉荣、少辛类

青熊：熊是古代先民的一种重要图腾，是民族精神的物化形式。先秦古籍中还有禹的父亲鲧化熊的情节。《山海经》中虎豹熊罴等固定词语的多次出现，呈现出物产丰富的景象，由此也可知熊是古代分布较为广泛的一种重要动物。

せいゆうとい
けよのきれせ
いまうの时天下ふい
いまうしてきいなりそと
ちいんを

青熊

为主。有一种野兽，外形似狐，白色的尾巴和一双长耳朵，名叫狍狼，这种野兽出现在哪里，哪里就会发生兵乱。

再往东五百里，有座禹山，山的南面盛产黄金，山的北面盛产白玉。蒲鸂河从这里发源，并向东流入长江。这条河中沉淀着大量的白玉。山中的野兽以犀牛、大象、熊类为主，也有很多猿猴和金丝猴。

再往东北三百里，有座隅阳山，山上盛产金矿和玉，山下盛产丹青石，山中的树木以梓树和桑树为主，草类以紫草为主。徐水河从这里发源，并向东流入长江，河中沉淀着大量的细丹砂。

再往东二百五十里，有座岐山，盛产白银，山下储藏着丰富的铁矿，山中的树木以梅树和梓树为主，也有很多的杻树和楢树。减水河从这里发源，并向东南流入长江之中。

再往东三百里，有座勾㭿山，山上分布着大量的玉，山下盛产黄金，山中的树木以栎树和柘树为主，草类以芍药为主。

再往东一百五十里，有座风雨山，山上分布着大量的银矿，山下盛产石墨。山中的树木以椰树、樟树为主，也有很多杨树。宣余河从这里发源，并向东流入长江之中，河中有很多蛇。野兽以山驴和麋鹿为主，也有很多的虎豹和麈。鸟类以白鹞为主。

再往东北二百里，有座玉山，山的南面有很多铜矿，山的北面也储藏有大量的黄金。山中的树木以樟树、楢树和杻树为主，野兽以野猪、鹿类为主，鸟以鸩类居多。

再往东一百五十里，有座熊山，山中有一处洞穴，是熊的洞穴，经常有神仙出入。这个洞穴，夏天自动打开，而冬天自动闭合。它如果在冬天时候开启了，就预示着一定要发生战祸。熊山上分布着大量的白玉，山下盛产白银。山中的树木以臭椿和柳树为主，草以通草为主。

又东一百四十里，曰騩山，其阳多美玉赤金，其阴多铁，其木多桃枝、荆芑。

又东二百里，曰葛山，其上多赤金，其下多瑊石劲石，似玉也，其木多柤栗橘櫾楢杻，其兽多麢臭，其草多嘉荣。

又东一百七十里，曰贾超之山，其阳多黄垩，其阴多美赭，其木多柤栗橘櫾，其中多龙修龙须草，又名灯心草，可织席。

凡岷山之首，自女几山至于贾超之山，凡十六山，三千五百里。其神状皆马身而龙首。其祠：毛用一雄鸡瘗，糈用稌。文山郝懿行案：此上无文山，盖即岷山也、勾㮌、风雨、騩之山，是皆冢也。其祠之：羞酒，少牢具，婴用一吉玉。熊山，席也《藏经本》作"帝山"，祭祀礼仪高于冢山的一个品级，其祠：羞酒，太牢具，婴用一璧。干儛见《中次五经》，用兵以禳；祈，璆冕舞穿冕服持美玉以舞也。

| 译文 |

再往东一百四十里，有座騩山，山的南面盛产上等玉矿和黄金，山的北面储藏有丰富的铁矿。山中的树木以毛竹、牡荆树、枸杞树为主。

再往东二百里，有座葛山，山上盛产黄金，山下有很多瑊石，山中的树木以柤树、柚子树、楢树、杻树等为主，野兽以野山羊居多，草类以嘉荣草为主。

再往东一百七十里，有座贾超山，山的南面盛产黄色垩土，山的北面分布有大量上等的红土，山中的树木以柤树、栗子树、橘子树和柚子树为主，山里还生长有大量的龙须草。

上述岷山山脉，从女几山到贾超山，共计十六座山，绵延三千五百里。诸山山神的模样都是马身而龙头。祭祀这些山神的礼仪如下：选用一只公鸡做祭品，埋入地下，选用稻米做供米。珉山、勾㭿、风雨、騩山，这些都是冢山。祭祀的礼仪是，进献美酒，用猪羊做祭品，选用一块上等的美玉作为祀神用的玉器。熊山，是帝山。祭祀它的礼仪是，进献美酒，用猪牛羊全套牲畜作为祭品，选用一块玉璧作为祀神的玉器。跳干儛，以禳免于战祸；祈福，就身穿礼服手持美玉跳舞。

龙马：一种瑞兽，体形像马，却是龙头，身上有鳞，是吉祥的象征。相传伏羲氏时，黄河中浮出龙马，背负「河图」献给伏羲，即为《周易》来源。

中次十经

中次十经之首,曰首阳之山,其上多金玉,无草木。

又西五十里,曰虎尾之山,其木多椒椐榉树,多封石,其阳多赤金,其阴多铁。

又西南五十里,曰繁缋音汇之山,其木多楢杻,其草多枝勾一说为枳椇,一说为冻绿。

又西南二十里,曰勇石之山,无草木,多白金,多水。

又西二十里,曰复州之山,其木多檀,其阳多黄金。有鸟焉,其状如鸮,而一足彘尾,其名曰跂踵,见则其国大疫。

又西三十里,曰楮山,多寓木,多椒椐,多柘,多垩。

又西二十里,曰又原之山,其阳多青雘,其阴多铁,其鸟多鸜鹆一说为鹦鹉。

又西五十里,曰涿山,其木多榖柞杻,其阳多㻬琈之玉。

又西七十里,曰丙山,其木多梓檀,多㭕杻高大的杻树。

凡首阳山之首，自首山即首阳山至于丙山，凡九山，二百六十七里。其神状皆龙身而人面。其祠之：毛用一雄鸡瘗，糈用五种之糈。堵山郝懿行案：即楮山也，冢也，其祠之：少牢具，羞酒祠，婴用一璧瘗。騩山，帝也，其祠：羞酒，太牢具，合巫祝二人儛巫师和祝师一起跳舞，婴一璧。

| 译文 |

中部第十列山脉的首座山，是首阳山，山上有大量的金矿玉石，但是没有花草树木。

再往西五十里，有座虎尾山，山上的树木以花椒和榉树为主，山中有大量的封石，山的南面储藏有丰富的铜矿，山的北面储藏有丰富的铁矿。

再往西南五十里，有座繁绩山，山上的树木以楢树和杻树为主，草类以枝勾为主。

再往西南二十里，有座勇石山，此山不生长花草树木，但储藏有丰富的银矿，并且水泊河湖众多。

再往西二十里，有座复州山，山上的树木以檀树为主，山的南面储藏着大量的黄金矿。山中栖居着一种鸟，外形似鸮，只有一条腿，长着猪尾巴，名叫跂踵，这种鸟出现在哪里，哪里就会发生严重的瘟疫。

再往西三十里，有座楮山，生长着茂密的寓树，到处是花椒树、榉树，柘树也不少，还有大量的垩土。

再往西二十里，是又原山，山的南面分布着丰富的丹青石，山的北面储藏有丰富的铁矿石，鸟类以鹳鸲为主。

再往西五十里,是涿山,山中的树木大多是构树、柞树、杻树,山的南面分布着大量的彩玉。

再往西七十里,是丙山,山中的树木大多是梓树、檀树,还有很多高大的杻树。

上述首阳山脉的第一条山系,从首阳山到丙山,总计九座山,绵延二百六十七里。诸山山神的形貌都是龙身而人面。祭祀山神的礼仪如下:选用一只公鸡献祭,然后埋入地下,选用五种粮米作为祀神的米。堵山,是冢山,祭祀的礼仪是:用猪、羊二牲作祭品,进献美酒来祭祀,选用玉璧作为祀神的玉器,然后埋入地下。騩山,是帝山,祭祀騩山山神时要进献美酒,用猪、牛、羊齐全的三牲作祭品;让巫师和祝师二人一起跳舞,选用一块玉璧作用祀神的玉器。

中次十一经

中次一十一山经荆山之首，曰翼望之山《西次三经》有翼望山。湍水出焉，东流注于济；贶音矿水出焉，东南流注于汉，其中多蛟。其上多松柏，其下多漆梓，其阳多赤金，其阴多珉。

又东北一百五十里，曰朝歌之山。潕水出焉，东南流注于荥，其中多人鱼。其上多梓枏，其兽多麢麋。有草焉，名曰莽草，可以毒鱼。

又东南二百里，曰帝囷之山，其阳多㻬琈之玉，其阴多铁。帝囷之水出于其上，潜于其下，多鸣蛇。

又东南五十里，曰视山，其上多韭。有井焉，名曰天井，夏有水，冬竭。其上多桑，多美垩金玉。

又东南二百里，曰前山，其木多槠音朱。槠树，常绿乔木，多柏，其阳多金，其阴多赭。

又东南三百里，曰丰山。有兽焉，其状如猨猿猴，赤目、赤喙、黄身，名曰雍和金丝猴，见则国有大恐。神耕父处之，常游清泠之渊，出入有光，

猴：古代又称「禺」，多为杂食性，以野果、野菜为食，有的也吃昆虫或其他小动物。《山海经》中记载了很多形似猴的异兽，如狌狌、长右、举父等。

猴

见则其国为败。有九钟焉，是和霜鸣霜降则钟鸣，故言知也。其上多金，其下多穀柞杻橿。

| 译文 |

中部第十一条山脉是荆山山脉，首座山是翼望山。湍水河从这里发源，并向东流入济水；贶水河也从这里发源并向东南流入汉水，贶水河中有很多蛟龙。翼望山上到处是松树和柏树，山下生长着茂密的漆树和梓树，山的南面储藏有丰富的黄金，山的北面盛产珉石。

再往东北一百五十里，有座朝歌山，洑水河从这里发源，并向东南流入荥水河中，洑水河中生活着很多鲵鱼。朝歌山有很多的梓树、楠木，野兽以麢羊、麋鹿居多。山中生长着一种草，名叫莽草，可以用来毒鱼。

再往东南二百里，有座帝囷山，山的南面盛产彩玉，山的北面储藏有丰富的铁矿。帝囷河从这座山的山顶发源，在山脚下潜入地下，水中有很多鸣蛇。

再往东南五十里，有座视山，山上到处是野韭菜，山中有一口井，叫作天井，夏天有水，冬天枯竭。山上生长着茂密的桑树，还有丰富的优良垩土、金属矿物和玉石。

再往东南二百里，有座前山，山中的树木以楮树居多，还有柏树，山的南面盛产黄金，山的北面盛产赭石。

再往东南三百里，有座丰山，有一种野兽，外形像猿猴，红眼睛、红嘴巴，黄色的身子，名叫雍和，这种野兽出现在哪里，哪里就会发生大的恐慌。神耕父就住在这座山里，他常在清泠渊里畅游，在水中出入时都会熠熠闪光，它出现在哪个国家，哪个国家就开始走向衰败。这座山还有九口钟，霜降则钟鸣。山上有丰富的黄金，山下生长着茂密的构树、柞树、杻树、橿树。

又东北八百里，曰兔床之山，其阳多铁，其木多薯藇，其草多鸡谷郝懿行解为蒲公英，其本如鸡卵，其味酸甘，食者利于人。

又东六十里，曰皮山，多垩，多赭，其木多松柏。

又东六十里，曰瑶碧之山，其木多梓枏，其阴多青䨼，其阳多白金。有鸟焉，其状如雉，恒食蜚，名曰鸩。

又东四十里，曰攻离之山，淯水出焉，南流注于汉。有鸟焉，其名曰婴勺，其状如鹊，赤目、赤喙、白身，其尾若勺似酒勺形，其鸣自呼。多㸲牛，多羬羊。

又东北五十里，曰祑筍音刁之山，其上多松柏机柏袁珂本作"桓"字。

又西北一百里，曰堇理之山，其上多松柏，多美梓，其阴多丹䨼，多金，其兽多豹虎。有鸟焉，其状如鹊，青身白喙，白目白尾，名曰青耕一说为喜鹊，可以御疫，其鸣自叫。

又东南三十里，曰依轱之山，其上多杻橿，多苴音闸。有兽焉，其状如犬，虎爪有甲，其名曰獜，善驮跳跃、扑食，食者不风风痹病。

译文

再往东北八百里,有座兔床山,山的南面储藏有丰富的铁矿,山中的树木以薯蓣居多,花草以鸡谷草居多,它的根茎像鸡蛋,尝起来酸中带甜,人吃了之后对身体会有极大的好处。

再往东六十里,有座皮山,山上分布着大量的垩土,也有大量的赭石,山中的树木大多是松树和柏树。

再往东六十里,有座瑶碧山,树木以梓树和楠树居多,山的北面盛产丹青石,山的南面储藏有丰富的银矿。有一种禽鸟,外形像野鸡,以蜚虫为食,名叫鸩。

再往东四十里,有座攻离山,淯水河从这里发源,并向南流入汉水之中。山中栖居着一种禽鸟,名叫婴勺,形状与喜鹊相似,红眼睛、红嘴巴、白色的身子,尾巴像酒勺的形状,因自己的叫声而得名。山中还生活着大量的牦牛、羰羊。

再往东北五十里,有座袟筒山,山上生长着茂密的松树、柏树、桤树、桓树。

再往西北一百里,有座堇理山,山上生长着茂密的松树、柏树,还有很多优良的梓树,山的北面盛产丹青,并且储藏有丰富的金矿,山中的野兽以豹子和老虎居多。有一种鸟,形状像喜鹊,但长着青色的身子、白色的嘴巴,还长着白色的眼睛、白色的尾巴,名叫青耕,人吃了它的肉之后就可以预防瘟疫,因自己的叫声而得名。

再往东南三十里,有座依轱山,山上生长着茂密的杻树和橿树,还有很多柤树。山中生活着一种野兽，形状与普通的狗相似，还长着老虎一样的爪子，身上又有鳞甲，名叫獜，这种野兽擅长跳跃扑食，人吃了它的肉就能预防风痹病。

又东南三十五里，曰即谷之山，多美玉，多玄豹黑豹，多闾麈，多麢臭。其阳多珉，其阴多青雘。

又东南四十里，曰鸡山，其上多美梓，多桑，其草多韭。

又东南五十里，曰高前之山，其上有水焉，甚寒而清，帝台之浆也，饮之者不心痛。其上有金，其下有赭。

又东南三十里，曰游戏之山，多㭎檀榖，多玉，多封石。

又东南三十五里，曰从山，其上多松柏，其下多竹。从水出于其上，潜于其下，其中多三足鳖，枝尾一说为尾巴分叉；一说为双尾，食之无蛊疫。

又东南三十里，曰婴硬音真之山，其上多松柏，其下多梓橁。

又东南三十里，曰毕山，帝苑之水出焉，东北流注于瀙音沁，其中多水玉，多蛟。其上多㻬琈之玉。

又东南二十里，曰乐马之山，有兽焉，其状如彚刺猬，赤如丹火，其名曰㺉音立，见则其国大疫。

又东南二十五里，曰葴山，瀙水出焉，东南流注于汝水，其中多人鱼，多蛟，多颉郭璞注云，如青狗；郝懿行曰未详。

又东四十里，曰婴山，其下多青雘，其上多金玉。

又东三十里，曰虎首之山，多苴椆椐。

又东二十里，曰婴侯之山，其上多封石，其下多赤锡。

又东五十里，曰大孰之山。杀水出焉，东北流注于瀙水，其中多白垩。

又东四十里,曰卑山,其上多桃李苴梓,多纍葛藤。

又东三十里,曰倚帝之山,其上多玉,其下多金。有兽焉,状如鼣鼠,白耳白喙,名曰狙如或为伶鼬,以鼠为食,见则其国有大兵。

| 译文

再往东南三十五里,有座即谷山,山中盛产美丽的玉石,山里生活着很多黑豹,还有不少的山驴、麈、麢、臭。山的南面盛产珉石,山的北面盛产丹青石。

再往东南四十里,有座鸡山,山上到处是茂密的梓树和繁盛的桑树,山中的花草以野韭菜居多。

再往东南五十里,有座高前山,山中有小溪,冰凉清澈,是帝台神的浆水,人饮用了它就不得心痛病。山上储藏着丰富的金矿,山下储存着大量的赭石。

再往东南三十里,有座游戏山,山中生长着茂密的杻树、橿树、构树,还有储量丰富的玉石和封石。

再往东南三十五里,有座从山,山上到处都是松树和柏树,山下分布着茂密的竹丛。从水河由这座山的山顶发源,潜流到山下,河水中有很多三脚鳖,这些鳖的尾巴是分叉的,人吃了它的肉就不患疑心病。

再往东南三十里,有座婴硬山,山上到处生长着繁密的松树、柏树,山下生长着茂密的梓树、檽树。

再往东南三十里,有座毕山,帝苑河从这里发源,向东北流入溠水河中,帝苑河中沉积着大量的水晶,水中生活着很多蛟龙。山上分布着大量的彩玉。

再往东南二十里，有座乐马山，山中生活着一种野兽，形状与一般的刺猬相似，全身赤红如丹火，名称是㺩，这种野兽出现在哪里，哪里就会发生严重的瘟疫。

再往东南二十五里，有座葴山，涔水河从这里发源，向东南流入汝水河中，涔水河中有很多娃娃鱼，还有很多蛟和䑏兽。

再往东四十里，有座婴山，山下蕴藏大量的丹青石，山上盛产金矿、玉石。

再往东三十里，有座虎首山，山中生长着茂密的粗树、椆树、椐树。

再往东二十里，有座婴侯山，山上蕴藏大量的封石，山下盛产红土。

再往东五十里，有座大孰山，杀水河从这里发源，向东北流入涔水河中，杀水河沿岸到处是白色垩土。

再往东四十里，有座卑山，山上生长着茂密的桃树、李树、柤树、梓树，还有很多葛藤树。

再往东三十里，有座倚帝山，山上有丰富的玉石，山下储藏有丰富的金矿。山中生活着一种野兽，外形与鼣鼠相似，长着白耳朵白嘴巴，名叫狙如，这种野兽出现在哪里，哪里就会发生大战乱。

又东三十里，曰鲵山，鲵水出于其上，潜于其下，其中多美垩。其上多金，其下多青䨼。

又东三十里，曰雅山，澧水出焉，东流注于涔水，其中多大鱼。其上多美桑，其下多苴，多赤金。

又东五十五里，曰宣山，沦水出焉，东南流注于涔水，其中多蛟。

其上有桑焉，大五十尺围五丈也，其枝四衢言枝交互四出，其叶大尺余，赤理黄华青柎，名曰帝女之桑。

又东四十五里，曰衡山，其上多青雘，多桑，其鸟多鸜鹆一说为鹦鹉。

又东四十里，曰丰山，其上多封石，其木多桑，多羊桃，状如桃而方茎，可以为皮张治皮肿。

又东七十里，曰妪山，其上多美玉，其下多金，其草多鸡谷。

又东三十里，曰鲜山，其木多楢杻苴，其草多䖀冬门冬草，其阳多金，其阴多铁。有兽焉，其状如膜大郝懿行引《广韵》大当为犬字；另说膜即獏，乃大熊猫之古称、赤喙、赤目、白尾，见则其邑有火，名曰狼即。

又东三十里，曰皋山，其阳多金，其阴多美石。皋水出焉，东流注于澧水，其中多脆石即"脆"也；小而易断也。

又东二十五里，曰大支之山，其阳多金，其木多榖柞，无草木。

又东五十里，曰区吴之山，其木多苴。

又东五十里，曰声匈之山，其木多榖，多玉，上多封石。

又东五十里，曰大骒之山，其阳多赤金，其阴多砥石。

又东十里，曰踵臼之山，无草木。

又东北七十里，曰历石之山，其木多荆芑同杞，其阳多黄金，其阴多砥石。有兽焉，其状如狸，而白首虎爪，名曰梁渠一种狸，见则其国有大兵。

又东南一百里，曰求山。求水出于其上，潜于其下，中有美赭。其木多苴，多䉧箭竹也。其阳多金，其阴多铁。

又东二百里，曰丑阳之山，其上多椆椐。有鸟焉，其状如乌而赤足，名曰𩿧鵌，可以御火。

駅鵌：一种异鸟，外形似乌鸦，长着红色的爪子，可以预防火灾。

鴸鵌

又东三百里，曰奥山，其上多柏杻橿，其阳多㻬琈之玉。奥水出焉，东流注于涏水。

又东三十五里，曰服山，其木多苴，其上多封石，其下多赤锡。

又东百十里，曰杳山，其上多嘉荣草葫芦，多金玉。

又东三百五十里，曰几山，其木多楢檀杻，其草多香。有兽焉，其状如彘，黄身、白头、白尾，名曰闻獜，见则天下大风。

凡荆山之首，自翼望之山至于几山，凡四十八山，三千七百三十二里。其神状皆彘身人首。其祠：毛用一雄鸡祈瘗，婴用一珪，糈用五种之精五谷之精者。禾山郝懿行案：上文无禾山，或云帝囷山之脱文，或求山之误文，帝也，其祠：太牢之具，羞䤈酒瘗倒把牲畜倒埋地下，毛用一璧。牛无常牛可有可无。堵山、玉山，冢也堵山见《中次十经》，玉山见《中次八经》，此经无此二山，皆倒祠，羞用少牢，婴用吉玉。

译文

再往东三十里，有座鲵山，鲵水河从这里发源，潜流到山下，山中出产优质垩土。鲵山上盛产黄金，山下盛产丹青石。

再往东三十里，有座雅山。澧水河从这里发源，并向东流入涏水河，澧水河中生活着很多大鱼。雅山上生长着繁盛的桑树，山下生长着茂盛的山楂树。这里还盛产黄金。

再往东五十五里，有座宣山，沦水河从这里发源，并向东南流入涏水河中，沦水河中生活着大量的蛟。宣山上生长着一种桑树，树干合抱有五十尺粗，树枝交叉伸向四方，树叶方圆有一尺多，长着红色的纹理、开着黄色的花朵、长有青色的花萼，名叫帝女桑。

再往东四十五里，有座衡山，山上盛产丹青石，山中生长着茂密的桑树，山里以䴔䴖居多。

再往东四十里，有座丰山，山上多封石，山中的树木大多是桑树，也有为数不少的羊桃树，这种树的形状与一般的桃树相似，但长着方形的茎干，吃它能够治疗皮肤肿胀。

再往东七十里，有座妪山，山上盛产优良玉石，盛产黄金，山中的花草以鸡谷草居多。

再往东三十里，有座鲜山，山中的树木以楢树、杻树、山楂树居多，花草以蘴冬最多，山的南边盛产黄金，北边盛产铁。有一种野兽，外形看起来与膜犬相似，但长着红嘴巴、红眼睛、白尾巴，这种野兽出现在哪里，哪里就会遭遇火灾，它的名字叫作狢即。

再往东三十里，有座皋山，山的南面储藏着丰富的金矿，山的北面散布着大量漂亮的石头。皋水河从这里发源，并向东流入澧水河中，皋水河中的石头极脆。

再往东二十五里，有座大支山，山的南面储藏有丰富的金矿，山中的树木以构树和柞树居多，但没有花草。

再往东五十里，有座区吴山，山中的树木以粗树居多。

再往东五十里，有座声匈山，山中生长着茂密的构树，山上到处都是玉石，还分布着大量的封石。

再往东五十里，有座大骢山，山的南面储藏有丰富的黄金，山的北面盛产磨刀石。

再往东十里，有座踵白山，山中不生长花草树木。

再往东北七十里，有座历石山，山中的树木以牡荆和枸杞居多，山的南面储藏有丰富的黄金，山的北面盛产磨刀石。有一种野兽，外形与野猫相似，白头、虎爪，名叫梁渠。这种野兽出现在哪里，哪里就会发生大规模的战乱。

再往东南一百里，有座求山，求水河从山顶发源，潜流到山下，山中分布着大量上等的赭石。求山中到处是柤树，还生长着矮小丛生的毛竹。山的南面储藏有丰富的金矿，山的北面储藏着大量的铁矿。

再往东二百里，有座丑阳山，山上生长着茂密的椆树和椐树。山中生活着一种鸟，外形像乌鸦，红爪，名叫䴅䳜，这种鸟能够预防火灾。

再往东三百里，有座奥山，山上生长着繁茂的柏树、杻树、橿树，山的南面盛产彩玉。奥水河从这里发源，并向东流入涔水河。

再往东三十五里，有座服山，山中的树木以苴树居多，山上盛产封石，山下分布着大量的红锡土。

再往东一百一十里，有座杳山，山上到处生长着嘉荣草，还盛产黄金玉石。

再往东三百五十里，有座几山，山中的树木以楢树、檀树、杻树居多，草类主要是各种香草。有一种野兽，外形与普通的猪相似，但身子是黄色的，脑袋和尾巴都是白色的，名叫闻獜，这种野兽一旦出现，就预示着天下要遭遇飓风。

上述荆山山脉，从翼望山直到几山，共计四十八座山，绵延三千七百三十二里。诸山山神的外形都是人头猪身。祭祀这些山神的礼仪是：选用一只公鸡作为祭品，在祭祀后埋入地下，选用一块玉珪作为祀神的玉器进行献祭，选用五种粮米作为祀神的米。禾山是帝山。祭祀禾山的礼仪是：选用猪、牛、羊齐全的三牲作祭品，祭祀后将这些牲畜倒着埋入地下；选用一块玉璧作为祀神的玉器，有没有牛无所谓。堵山、玉山是冢山，祭祀时也要将牲畜倒着埋掉，进献的祭品是猪、羊，选用一块上等的美玉作为祀神的玉器。

中次十二经

中次十二经洞庭山之首今湖南洞庭湖一带，曰篇遇之山，无草木，多黄金。

又东南五十里，曰云山，无草木。有桂竹郭璞注：今始兴郡桂阳县出筀竹，大者围二尺，长四丈，有毒，锐以刺虎，中之则死，甚毒，伤人必死。其上多黄金，其下多琈瑅之玉。

又东南一百三十里，曰龟山，其木多榖柞椆椐椆树和椐树，其上多黄金，其下多青雄黄，多扶竹邛竹，今又名拐棍竹、扶老竹。

又东七十里，曰丙山，多筀竹亦作桂竹，多黄金铜铁，无木。

又东南五十里，曰风伯之山，其上多金玉，其下多痠石一种能疗痛的砭石文石，多铁，其木多柳杻檀楮。其东有林焉，名曰莽浮之林，多美木鸟兽。

又东一百五十里，曰夫夫之山，其上多黄金，其下多青雄黄，其木多桑楮，其草多竹、鸡鼓鸡谷草。神于儿居之，其状人身而身操两蛇，常游于江渊，出入有光。

又东南一百二十里，曰洞庭之山，其上多黄金，其下多银铁，其木多柤梨橘櫾柚子树，其草多葌、蘪芜、芍药、芎䓖。帝之二女居之，是常游于江渊。澧沅之风澧水和沅水皆汇三江之口，交潇湘之渊，是在九江之间，出入必以飘风暴雨言二女能鼓三江，令风波之气共相交通。是多怪神，状如人而载蛇蛇盘绕身上，左右手操蛇。多怪鸟。

又东南一百八十里，曰暴山，其木多棕、柟、荆、芑、竹、箭、䉋、箘，其上多黄金、玉，其下多文石、铁，其兽多麋鹿麐黑鹿、就雕也，一说为鹫。

又东南二百里，曰即公之山，其上多黄金，其下多㻬琈之玉，其木多柳、杻、檀、桑。有兽焉，其状如龟，而白身赤首，名曰蛫蹝鼠，是可以御火。

又东南一百五十九里，有尧山，其阴多黄垩，其阳多黄金，其木多荆芑柳檀，其草多薯藇、荼。

又东南一百里，曰江浮之山，其上多银、砥砺，无草木，其兽多豕鹿。

又东二百里，曰真陵之山，其上多黄金，其下多玉，其木多榖柞柳杻，其草多荣草嘉荣草。

又东南一百二十里，曰阳帝之山，多美铜，其木多櫃杻㻬山桑楮，其兽多麢、麝。

又南九十里，曰柴桑之山，其上多银，其下多碧，多泠石、赭，其木多柳芑楮桑，其兽多麋鹿，多白蛇、飞蛇。

又东二百三十里，曰荣余之山，其上多铜，其下多银，其木多柳芑，其虫郝懿行案：《海外南经》云南山人以虫为蛇多怪蛇、怪虫。

凡洞庭山之首，自篇遇之山至于荣余之山，凡十五山，二千八百里。其神状皆鸟身而龙首。其祠：毛用一雄鸡、一牝豚刉音鸡。割开、剖开，糈用稌。凡夫夫之山、即公之山、尧山、阳帝之山，皆冢也，其祠：皆肆肆，摆设；陈列祭品后埋藏之瘗，祈月酒，毛用少牢，婴用一吉玉。洞庭、荣余山，神也比冢山小一级，其祠：皆肆瘗，祈酒太牢祠，婴用圭璧十五，五采惠装饰之。

| 译文 |

中部第十二条山脉是洞庭山山脉，首座山是篇遇山，山中不生草木，但有丰富的黄金。

再往东南五十里，有座云山，山中不生草木，但生长着一种桂竹，毒性大，人被刺到必死。山上盛产黄金，山下分布着大量的彩玉。

再往东南一百三十里，有座龟山，山中的树木以构树、柞树、椆树、椐树居多，山上盛产黄金，山下有大量的青雄黄，还生长着繁茂的扶竹。

再往东七十里，有座丙山，山中生长着繁茂的桂竹，还盛产黄金、铜、铁，但没有高大的树木。

再往东南五十里，有座风伯山，山上出产大量的金矿、玉石，山下盛产瘐石和色彩斑斓的漂亮石头，还储藏有丰富的铁矿，山中的树木以柳树、杻树、檀树、构树居多。左风伯山东面有一片树林，名叫莽浮林，林中生长着许多优良树木，还生活着数量巨大的禽鸟野兽。

再往东一百五十里，有座夫夫山，山上出产大量的黄金，山下盛产青雄黄，山中的树木以桑树、楮树居多，而花草则以竹子、鸡谷草

鵲山山神：洞庭山系共十五座山，山神都长着鸟的身子、龙的头。此外，《南山经》中鹊山山系的十个山神也均是鸟身龙首神。

最为繁盛。于儿神就住在这里，人形，手握双蛇，常常游玩于长江的深渊中，在水中出入时都熠熠闪光。

再往东南一百二十里，有座洞庭山，山上盛产黄金，山下盛产银和铁，山中的树木以柤树、梨树、橘子树、柚子树居多，而花草以兰草、蘪芜、芍药、川芎等香草居多。天帝的两个女儿住在这里，她俩常在长江的深渊中游玩。从澧水和沅水吹来的风，在湘水渊潭上交汇，这里正是九条江水汇合的中心，她俩在水中出入时都伴有疾风骤雨。洞庭山中还住着很多奇异的神仙，外形看起来就像是普通的人，但身上都缠绕着蛇，左右两只手也握着蛇。山中还栖居着许多怪异的禽鸟。

再往东南一百八十里，有座暴山，山中草木茂盛，以棕树、楠树、牡荆树、枸杞树和竹子、箭竹、毛竹、筃竹居多，山上盛产黄金、玉石，山下分布着大量的有彩色花纹的石头和铁矿石，山中的野兽以麋鹿、鹿、麢居多，禽鸟以鸷鹰居多。

再往东南二百里，有座即公山，山上盛产黄金，山下有大量的彩玉。山中的树木以柳树、杻树、檀树、桑树居多。山中生活着一种野兽，形状与一般的乌龟相似，但长着白色的躯体红色的脑袋，名叫蛫，这种野兽可以用来预防火灾。

再往东南一百五十九里，有座尧山，山的北面有很多黄色垩土，山的南面盛产黄金，山中的树木以牡荆树、枸杞树、柳树、檀树居多，草类以山药、山蓟最为繁盛。

再往东南一百里，有座江浮山，山上有大量的银矿和磨刀石。山中没有花草树木，野兽以野猪、鹿居多。

再往东二百里，有座真陵山，山上储藏着大量的黄金，山下盛产玉石。山中的树木以构树、柞树、柳树、杻树居多，草类大多是可以治疗风痹病的荣草。

再往东南一百二十里，有座阳帝山，山里到处是品质上乘的铜，山中的树木以檀树、杻树、山桑树、楮树为主，而野兽以麢羊和麝香鹿居多。

再往南九十里，有座柴桑山，山上储藏着大量的白银，山下盛产碧玉，山中盛产泠石、赭石，山里的树木以柳树、枸杞树、楮树、桑树居多，而野兽以麋鹿、鹿居多，还有许多白蛇、飞蛇。

再往东二百三十里，有座荣余山，山上储藏着大量的铜，山下储藏着大量的白银，山中的树木以柳树、枸杞树为主，虫类以怪蛇、怪虫为主。

上述洞庭山山脉，自篇遇山直到荣余山，共计十五座山，绵延二千八百里。诸山山神的形貌看起来都是鸟的身子、龙的脑袋。祭祀这些山神的礼仪是：选用一只公鸡、一头母猪作祭品，选用稻米作为祀神的米。夫夫山、即公山、尧山、阳帝山都是冢山，祭祀这几座山的山神的礼仪如下：要陈列牲畜、玉器，而后埋入地下，用美酒献祭，并向诸神祈祷，选用猪、羊二牲作祭品，选用上等的美玉作为祀神的玉器。洞庭山、荣余山是神山，祭祀这二位山神的礼仪是：要先陈列牲畜、玉器献祭，然后埋入地下，用美酒及猪、牛、羊齐全的三牲献祭，向神祈祷；选用十五块玉圭和十五块玉璧作为祀神的玉器，并用青、黄、赤、白、黑五样色彩绘饰它们。

右中经之山志，大凡百九十七山，二万一千三百七十一里。大凡天下名山五千三百七十，居地，大凡六万四千五十六里。

禹曰郝懿行案：禹曰，盖记者述禹之意而作：天下名山，经言禹所经过也五千三百七十山，六万四千五十六里，居地也。言其五臧古"藏"字，《史记·平准书》载：山海，天地之藏，故此经称五臧，盖其余小山甚众，不足记云。天地之东西二万八千里，南北二万六千里，出水者八千里，受水者八千里，出铜之山四百六十七，出铁之山三千六百九十。此天地之所分壤树谷也毕沅曰：已下皆为周秦人相传，戈矛之所发也，刀铩古兵器之一种，大矛也之所起也，能者有余，拙者不足。封于太山即泰山，禅于梁父，七十二家《管子·地数》云：封禅之王，七十二家也。非禹言也，得失之数，皆在此内，是谓国用郝懿行案：自禹曰已下，盖皆周人相传旧语，而校书者附着五臧山经之末。

右五臧山经五篇，大凡一万五千五百三字郝懿行案：今二万一千二百六十五字。

|译文|

前述中部诸山山脉的记述，共计一百九十七座山，绵延二万一千三百七十一里。普天之下有名号的山脉共计五千三百七十座，它们连绵不绝，蜿蜒六万四千零五十六里。

大禹说：普天之下有名号的山，我走过五千三百七十座，行程六万四千零五十六里，分布在东南西北各个方向。我只将这些山记载在《五臧山经》中，是因为还有不计其数的小山，不能够详细记述。天下范围内，东西绵延二万八千里，南北连亘二万六千里，在此之中，有河流发源的山脉计有八千里，有河流发源的山脉计有八千里。盛产铜的山有四百六十七座，出产铁的山有三千六百九十座。

　　这些山是划分疆土、种植庄稼的界限和标准，也是武器出现的原因。有能力的人富足有余，能力差的人都吃不饱饭。帝王总是在泰山举行祭天的仪式，在梁父山举行拜地的仪式，有德行能力的帝王共七十二家，天下之后所有历史更迭都在这些山川间进行，国家的财富也都在这些山川间获得，这就是所谓的国用。

　　以上记述乃是《五臧山经》五篇，共计一万五千五百零三字。

卷六 海外南经

地之所载，六合之间四方上下为六合也，四海之内，照《淮南子》引此经作"昭"之以日月，经之以星辰，纪之以四时春、夏、秋、冬，要之以太岁即木星，古人用木星的运行轨迹纪年，神灵所生，其物异形，或夭或寿，唯圣人能通其道明白其中的道理。

海外自西南陬角落至东南陬者《山海经》古本有图，陶渊明亦有"流观山海图"之语，知文字本图之说明。袁珂《山海经校注》云，海外各经以下文字，意皆是因图以为文，故语"海外自西南陬至东南陬者"，或"海内东南陬以西者"。

结匈国上古国名也在其西南《海外西经》载灭蒙鸟在结匈国北，当为所指。或为图的西南，其为人结匈胸骨隆起，疑即今之鸡胸。

南山在其东南。自此山来，虫为蛇，蛇号为鱼以虫为蛇，以蛇为鱼。一曰南山在结匈东南郝懿行案：经内凡一曰云云者，盖后人校此经时附著。

比翼鸟郝懿行案：比翼鸟即蛮蛮也，已见《西次三经》崇吾之山在其东，其为鸟青、赤，两鸟比翼。一曰在南山东。

羽民国在其东南，其为人长头，身生羽《博物志》云羽民国，民有翼，飞不远，多鸾鸟，民食其卵。一曰在比翼鸟东南，其为人长颊脸颊。

有神人二八十六也，连臂，为帝天帝司夜于此野平原也。在羽民东。

其为人小颊赤肩。尽十六人此盖校书者释经之语。

毕方鸟《西次三经》章莪之山有毕方鸟在其东,青水西,其为鸟人面,一脚。一曰在二八神东。

讙头国《大荒南经》载讙头国乃鲧之苗裔在其南,其为人人面有翼,鸟喙,方捕鱼讙儿,尧臣,有罪,自投南海而死,帝怜之,使其子居南海。一曰在毕方东。或曰讙朱国。

厌火国《博物志》作厌光国在其南,兽身黑色,火出其口中。一曰在讙朱东。

三株树在厌火北,生赤水上,其为树如柏,叶皆为珠。一曰其为树若彗彗星状。

三苗国昔尧以天下让舜,三苗之君非之,帝杀之,有苗之民,叛入南海,为三苗国在赤水东,其为人相随。一曰三毛国。

䝟音至国《大荒南经》云此国自然有五谷衣服在其东,其为人黄,能操弓射蛇。一曰䝟国在三毛东。

贯匈国传防风神以刃自贯其心而死。禹以不死草埋之,遂死而复生,成贯匈国在其东,其为人匈同胸有窍孔洞也。一曰在䝟国东。

交胫国在其东,其为人交胫小腿相交。一曰在穿匈东即贯匈也。

不死民《楚辞》《吕氏春秋》均载有此国在其东,其为人黑色,寿,不死。一曰在穿匈国东。

岐舌国舌头分叉也,使蛇在其东。一曰在不死民东。

昆仑虚在其东,虚山下基也四方。一曰在岐舌东,为虚四方。

羿古天神名与凿齿亦人也,齿如凿,长五六尺,因以名云战于寿华古时南方大泽之野,羿射杀之。在昆仑虚东。羿持弓矢,凿齿持盾。一曰持戈。

けんくわ国の
申ゞけんくわをう
とりふありぎうり
ざすくゞ人のし

厭火獣：厌火国特有的一种兽类，
浑身黝黑，口中能喷出火焰。

厭火獣

三首国在其东,其为人一身三首。一曰在凿齿东。

周饶国即侏儒,谐音在其东,其为人短小,冠带有衣穿,有帽戴。一曰焦侥国即周饶国在三首东。

长臂国在其东,捕鱼水中,两手各操一鱼。一曰在焦侥东,捕鱼海中。

狄山,帝尧葬于阳狄山之阳,帝喾葬于阴狄山之阴。爰有熊、罴、文虎、蜼猕猴、豹、离朱即三足乌、视肉怪兽,形如牛肝,有两只眼睛,割去它的肉还会重新长出来。吁咽人名,与文王并列、文王皆葬其所。一曰汤山。一曰爰有熊、罴、文虎、蜼、豹、离朱、鸱久、视肉、虖交。有范林方三百里形容树林繁盛。

南方祝融火神也,南方炎帝之佐,兽身人面,乘两龙。

| 译文 |

凡是大地所负载的,生于上下四方之间的、囊括在东南西北四海之内的万事万物,都受到日月的照耀,以星辰的运移标定方位,以春夏秋冬四季来记录时节,以木星的运行轨迹来记年。万事万物都是神灵造化而成,万物形态各异,生命长短不一,只有圣明的人才能通晓其中深刻的奥义。

海外从西南角到东南角的国家地区、山川河流分布如下:

结匈国在西南方,这里的人都长着鸡胸。

南山在东南方。在这座山里生活的人,都把虫称为蛇,而把蛇称为鱼。还有一种说法是南山在结匈国的东南面。

比翼鸟在东方,这是一种有青红色羽毛相间的鸟,两只鸟的翅膀配合起来才能飞翔。还有一种说法是比翼鸟在南山的东面。

羽民国在东南,这里的人都长着长长的脑袋,全身长满了羽毛。另一种说法是羽民国在比翼鸟的东南,那里的人长着长长的脸颊。

有十六个神仙,彼此手臂相挽,在这旷野中为天帝掌管暗夜的运行。这些神仙都在羽民国的东。他们都长着狭小的脸颊和赤红的肩膀。这里总共有十六个神仙。

毕方鸟在东部,在青水河西部,这种鸟长着一副人脸,但只有一只脚。另一种说法是毕方鸟在那十六个神仙的东面。

讙头国在南面,这里的人脸上都长着一对翅膀和一只鸟喙,正在捕鱼。还有一种说法是讙头国在毕方国的东面,也有人说这该叫作讙朱国。

厌火国在南部,这里的人都长着野兽一样的身躯,并且周身呈黑色,他们的嘴里能够吐火。一种说法是厌火国在讙朱国的东面。

三珠树在厌火国的北面,生长在赤水河岸边,这棵树看起来与柏树相似,树叶都是珍珠。一种说法是这棵树看起来就像是拖着尾巴的彗星。

三苗国在赤水河的东面,这里的人都惯于排队,一个跟着一个的行走。一种说法是三苗国应该叫作三毛国。

载国在东面,这里的人都是黄色的皮肤,能够操起弓箭射死蛇。一种说法是载国在三毛国的东面。

贯匈国在东部,这里的人胸膛上都有洞。一种说法是贯匈国在载国的东面。

交胫国在灭蒙鸟的东部,这里的人总是双腿交叉。一种说法是交胫国在穿匈国的东面。

不死民在东部，这里的人都是黑色的皮肤，寿命很长，能够长生不死。另一种说法是不死民在穿匈国的东部。

岐舌国在东部。一种说法是它在不死民的东部。

昆仑山在东面，山基呈四方形。另一种说法是它在岐舌国的东部，它的山基向四方延伸。

天神羿与凿齿在寿华的原野上彼此搏杀，羿用弓箭射死了凿齿。地方就在昆仑山的东部。羿手持弓箭，凿齿手拿盾牌。另一种说法是凿齿手拿着戈。

三首国在东部，这里的人都长着一副躯体和三个脑袋。还有一种说法认为在凿齿的东面。

周饶国在东部，这里的人都长得比较矮小，都戴着帽子穿着衣服。一种说法是焦侥国在三首国的东部。

长臂国在东部，国人捕鱼为生。(图中的人)两只手分别抓了一条鱼。一种说法是长臂国在焦侥国的东面，（图中的人）正在海中捕鱼。

狄山，尧帝死后葬在狄山的南面，而喾帝死后葬在狄山的北面。这里生活着熊、罴、花斑虎、猕猴、豹子、离朱鸟、视肉。吁咽和文王也埋葬在这里。另一种说法认为狄山又叫作汤山。还有一种说法认为这里有熊、罴、花斑虎、猕猴、豹子、离朱鸟、鹞鹰、视肉、㨂交。汤山有一处繁盛茂密的树林，方圆可达三百里。

南方有火神祝融，他长着野兽一样的身躯和人的脸面，并乘驭着两条龙。

卷七 海外西经

海外自西南陬至西北陬者因汉时犹有《山海图》，解经者各依所见，故不同也。

灭蒙鸟在结匈国北，为鸟青，赤尾。

大运山高三百仞，在灭蒙鸟北。

大乐之野，夏后启大禹之子，夏的开国君主，《大荒西经》有载于此儛九代乐曲名；乘两龙，云盖三层犹多重也。左手操翳翳也，羽毛制成的舞具，右手操环玉之上等者，佩玉璜半璧为璜。在大运山北。一曰大遗之野。

三身国姚姓，舜之苗裔在夏后启北，一首而三身。

一臂国在其北，一臂、一目、一鼻孔。有黄马虎文，一目而一手马前腿，谓只有前腿。

奇肱单臂之国在其北，其人一臂三目，有阴有阳阴在上，阳在下，乘文马《海内北经》载犬戎国有文马。有鸟焉，两头，赤黄色，在其旁。

形天即刑天，炎帝之臣，黄炎大战，炎帝败，刑天被斩首与帝黄帝也争神，帝断其首，葬之常羊之山传为炎帝降生之地。乃以乳为目，以脐为口，操干戚以舞干，盾；戚，斧也。

女祭、女戚《大荒西经》作羲在其北，居两水间，戚操鱼䱉鲜鱼属，祭操俎案板也。

鸾鸟、䳇鸟，其色青黄，所经国亡。在女祭北。鸾鸟人面，居山上。一曰维鸟，青鸟、黄鸟所集。

| 译文 |

海外从西南角到西北角的国家地区、山川、物产分布如下：

灭蒙鸟在结匈国的北面，这种鸟周身呈青色，长着一条红色的尾巴。

大运山高达三百仞，屹立在灭蒙鸟的北面。

大乐平原，夏的国君启曾经在这里观赏乐舞《九代》，他乘驾着两条龙，在浓厚的云层中穿梭。他左手握着一把华盖，右手拿着一只玉环，腰间佩带着一块玉璜。大乐平原在大运山的北面。还有一种说法，认为启是在大遗平原观赏的《九代》。

三身国在夏国君启的北面，这里的人都长着一个脑袋、三副躯体。

一臂国在三身国的北面，这里的人都长着一条胳膊、一只眼睛、一个鼻孔。这里还生活着一种黄色的马，身上长有老虎一样的斑纹，长着一只眼睛和一条前腿。

奇肱国在一臂国的北面，这里的人都是一条胳膊和三只眼睛，眼睛分为阴阳两种，骑有花纹的马。这里有一种鸟，长着两个脑袋，红黄色的身子，栖息在他们的身旁。

刑天与天帝争夺神位，天帝砍断了刑天的头，把他的头埋在常羊山。没了头的刑天便以乳头做眼睛，以肚脐做嘴巴，一手持盾牌一手操大斧而舞动。

两个分别叫作祭和戚的女巫,在刑天与天帝发生争斗之处的北面,这里恰好是两条河流的中间。那个叫作戚的女巫手里拿着一条鳝鱼,而女巫祭手里捧着一块案几。

鵸鸟和䳜鸟,体色青中带黄,凡是它们所飞经的国家,都会遭遇败亡。这两只鸟在女巫祭的北面。鵸鸟长着一张人脸,栖居在山上。另一种说法认为这两种鸟都叫作维鸟,是青色鸟和黄色鸟聚集在一起时候的统称。

丈夫国殷帝太戊使王孟采药,从西王母至此,绝粮,不能进,食木实,衣木皮,终身无妻,而生二子,从形中出,其父即死,是为丈夫民在维鸟北,其为人衣冠带剑郝懿行案:《竹书纪年》载殷太戊三十六年西戎来宾王,使王孟聘西戎,即斯事也。

女丑即女巫之尸,生而十日炙杀之郝懿行案:十日并出,炙杀女丑,于是尧乃命羿射杀九日也。在丈夫北。以右手鄣掩盖其面。十日居上,女丑居山之上。

巫咸国一说为巫师之国;又《太平御览》云,巫咸,尧臣也,为帝尧医在女丑北,右手操青蛇,左手操赤蛇,在登葆山盖天梯也,群巫所从上下也从天上回来降神旨。

并封即屏蓬,《大荒西经》云,有兽,左右有首,名曰屏蓬在巫咸东,其状如彘,前后皆有首,黑。

女子国在巫咸北,两女子居,水周之环绕也。一曰居一门中。

轩辕之国传为黄帝的出生地,其不寿者八百岁。在女子国北,人面蛇身,尾交首上。

穷山在其北，不敢西射，畏轩辕之丘《西次三经》载有轩辕之丘。在轩辕国北，其丘方，四蛇相绕缠绕，保护之意。

| 译文 |

丈夫国在维鸟的北面，这里的人都是穿衣戴帽并且佩带宝剑。

有一具女丑的尸体。她生前是被十个太阳的热气烤死的。她横卧在丈夫国的北面。死时用右手遮住脸。十个太阳高高挂在天上，女丑的尸体横卧在山顶上。

巫咸国在女丑的北面，这里的人都是右手握着一条青蛇，左手握着一条红蛇。有座登葆山，巫师们通过它从天上回来降神旨。

有个名叫并封的怪兽，在巫咸国的东面，它的形状与普通的猪相似，但前后都有头，是黑色的。

女子国在巫咸国的北面，有两个女子住在这里，四周有水环绕着。另一种说法认为她们住在一道门里。

有一个轩辕国，这里的人就是不长寿的也能活八百岁。轩辕国在女子国的北面。这里的人长着人的脸孔和蛇的躯体，尾巴盘绕在头顶上。

穷山在轩辕国的北面，拉弓射箭时都不敢射向西方，因为敬畏黄帝所在的轩辕丘。轩辕丘在轩辕国的北部，它四周呈方形，被四条大蛇相互环绕护卫着。

此诸夭之野郝懿行案："夭"当为"沃"，鸾鸟自歌，凤鸟自舞。凤皇卵，民食之；甘露，民饮之，所欲自从也言滋味无所不有，所愿得自在，

ちよ秀り山る
ありらへとをつく
あ〜りつれを天下
たいくうるり
　　　　齋

鸾：又名鸾鸟、青鸟、鸡趣，是古代神话传说中凤凰一类的鸟，是西王母的象征。相传西王母手下有三只青鸟为之取食。

此谓沃野也。《大荒西经》载，有沃之国，沃民是处，沃之野，凤鸟之卵是食，甘露是饮。凡其所欲，其味尽存。百兽相与群居。在四蛇北。其人两手操卵食之，两鸟居前导之。

龙鱼神话传说的人鱼陵居在其北，状如狸当为"鲤"之讹。一曰鰕。即有神圣乘此以行九野九州也。一曰鳖鱼在夭野北，其为鱼也如鲤。

白民之国在龙鱼北，白身被发高诱注《淮南子》云，白民白身，民被发，发亦白。有乘黄龙翼而马身，黄帝乘之而仙，其状如狐，其背上有角，乘之寿二千岁。

肃慎之国《竹书纪年》载帝舜二十五年，肃慎氏来朝。周成王九年，肃慎氏来朝。《大荒北经》有肃慎之国在白民北，有树名曰雄常雒棠，木名也，先入代帝，于此取之其俗无衣服，中国有圣帝代立者，则此木生皮可衣也。

长股之国《大荒西经》有长胫之国，概同一国在雄常北，被发。一曰长脚。

西方蓐收《西次三经》载有蓐收神，左耳有蛇，乘两龙。

|译文|

有个叫作沃野的地方，这里鸾鸟自由自在地歌唱，凤鸟自由自在地舞蹈；凤凰生下的蛋，那里的居民食用它；苍天降下的甘露，那里的居民饮用它；凡是他们所想要的都能随心如意。那里的各种野兽与人一起居住。沃野在四条蛇的北面，那里的人用双手捧着凤凰蛋正在吃，有两只鸟在前面引导着。

龙鱼居住在沃野的北面，这种鱼的形状像一般的鲤鱼。另一种说

乘黄:《周书》《汉书》等古籍也有记载,称外形像狐狸的乘黄有着马身、龙翼,一般指良马。杜甫诗作《韦讽录事宅观曹将军画马图》中有「将军得名三十载,人间又见真乘黄」一句。

乘黄

法认为像鲩鱼。有神圣的人骑着它遨游于九州。还有一种说法认为鳖鱼在沃野的北面，这种鱼的形状也与鲤鱼相似。

白民国在龙鱼所在地的北面，这里的人都是白皮肤而披散着头发。有一种叫作乘黄的野兽，形状像一般的狐狸，脊背上有角，人骑上它就能活两千年。

肃慎国在白民国的北面。有一种树木叫作雒棠，每当有圣明的天子继位时，人们就来割取雒棠树的树皮制成衣服。

长股国在雒棠树的北面，这里的人们都披散着头发。还有一种说法是长股国叫长脚国。

西方的蓐收神，左耳上有一条蛇，乘驾两条龙飞行。

卷八 海外北经

海外自东北陬至西北陬者。

无䏿之国在长股东，为人无䏿小腿肚子，一说无䏿即无继，没有后代之意。

钟山之神，名曰烛阴亦名烛龙，视为昼，瞑为夜，吹为冬，呼为夏，不饮，不食，不息呼吸，息呼出的气为风，身长千里。在无䏿之东。其为物，人面，蛇身，赤色，居钟山下。

一目国在其东，一目中其面而居。一曰有手足。

柔利国一说即《大荒北经》的牛梨之国在一目东，为人一手一足，反𠂂古"膝"字，曲足居上一脚一手反卷曲也。一云留利之国，人足反折。

共工天神名，相传与颛顼争为帝者，失败被收服之臣曰相柳氏即相繇《大荒北经》载共工臣名曰相繇，九首蛇身，自环，食于九土，九首，以食于九山头各自食一山之物。相柳之所抵，厥挖掘为泽溪。禹杀相柳，其血腥，不可以树五谷种。禹厥之，三仞三沮仞．填塞；沮，毁坏，乃以为众帝指帝尧、帝喾等之台积土为台，或为战胜共工氏后的大典之台。在昆仑之北，柔利之东。相柳者，九首人面，蛇身而青。不敢北射，畏共工之台犹畏轩辕之丘。台在其东。台四方，隅有一蛇，虎色虎文也，首冲南方。

深目国《大荒北经》有深目之国，盼姓，食鱼在其东，为人深目，举一手。

烛阴：又名烛龙、烛九阴，是掌管昼夜四季的神。人面蛇身，身长千里。睁开眼睛就是白昼，闭上眼睛就是黑夜；吹一口气就到了冬天，呼一口气又到了夏天。其形象来自古人对气象的自然崇拜。

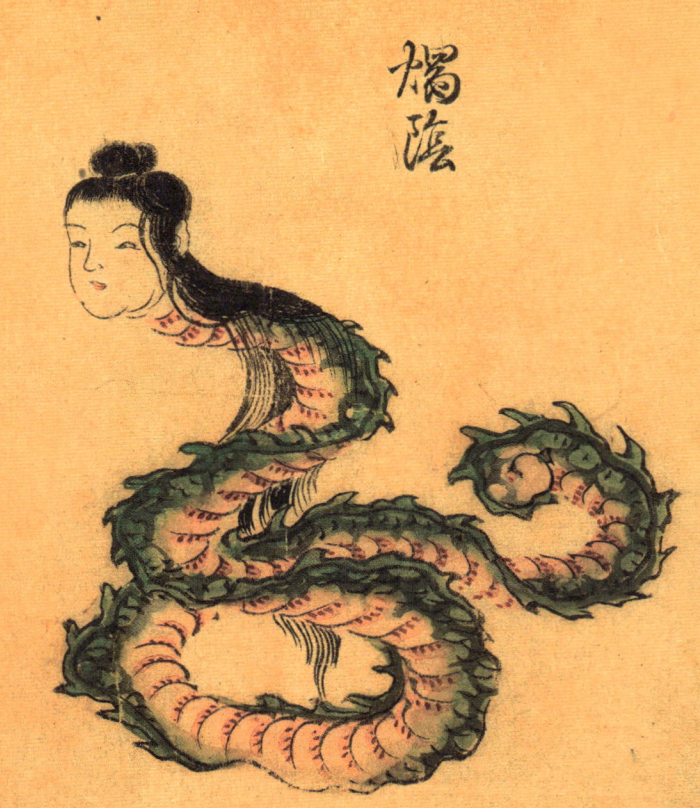

燭陰

相柳氏：又称相繇，上古神话中的凶神，共工的臣属，人面蛇身，有九个头，性情残暴贪婪，所到之处尽为泽国。共工战败后，相柳继续作怪，后被禹所杀。

一曰在共工台东。

无肠之国在深目东，其为人长而无肠腹内无肠。

|译文|

海外从东北角到西北角的国家地区、山川河流以及物产分布如下：

无䏿国在长股国的东部，这里的人生下来就没有小腿肚子。

钟山的山神，名叫烛阴，他睁开眼睛，人世就是白昼，他闭上眼睛，人间就是黑夜。他吹口气，人世就迎来了冬季，他呼口气，人间就变成了夏天。他不喝水，不吃饭，不呼吸。一呼吸就是风。他的身躯长达千里。他就在无䏿国的东面。他这个山神，长着人一样的面孔，蛇一样的躯体，周身赤红色，居住在钟山脚下。

一目国在钟山的东面，这里的人都是只长着一只眼睛，并且眼睛长在脸的中间。另一种说法是这里的人与普通人一样有手有脚。

柔利国在一目国的东面，这里的人长着一只手一只脚，膝盖是反着长的，脚弓是弯曲朝上的。另一种说法是它也叫作留利国，人的脚都是反折着的。

天神共工有个臣属叫相柳氏，长着九个脑袋，九个脑袋分别在九座山上吃食。相柳氏身躯碰到的地方，都会变成沼泽和溪流。禹杀死了相柳氏之后，相柳氏的污血太过腥臭，所溅洒之处都不能生长树木、种植庄稼。大禹便尽全力挖掘被相柳氏的血渍污染的地方，用其他地方的土来填塞，多次填塞多次塌陷。于是就把挖掘出来的土为众帝建立了高台。这些高台就在昆仑山的北面，柔利国的东面。相柳氏长着九个脑袋，每个脑袋都长着一张人脸，他长着蛇一样的身躯，周身呈现出青色。相柳氏不敢向北方射箭，因为畏惧共工台。共工台在相柳氏的东面，这座台四周方正，每个角上都盘踞着一条大蛇，蛇身上的斑纹与老虎的相似，头朝着南方。

深目国在相柳氏的东面，这里的人眼眶很高，眼窝深陷，总是一只手高举着。一种说法是深目国在共工台的东面。

无肠国在深目国的东面，这里的人都身材高大，但肚子里不长肠子。

聂耳之国在无肠国东，使两文虎斑斓猛虎，为人两手聂握持其耳。县同悬，即孤悬海外之岛居海水中，及水所出入奇物。两虎在其东即两文虎，此应为图解。

夸父与日逐走，入日日落。渴欲得饮，饮于河渭，河渭不足，北饮大泽。未至，道渴而死。弃其杖，化为邓林即桃林也。

夸父国在聂耳东，其为人大，右手操青蛇，左手操黄蛇。邓林在其东，二树木郝懿行案：二树以成林，言其大。一曰博父。

禹所积石之山在其东，河水所入。

拘缨当作瘿，瘤也之国在其东，一手把缨。一曰利缨之国。

寻木大树长千里，在拘缨南，生河上西北。

跂踵一说为走路脚不沾地国在拘缨东，其为人两足皆支。一曰大踵郝懿行案：当为反踵或支踵。

欧丝之野在大踵东，一女子跪据树欧丝吐丝。

三桑无枝，在欧丝东，其木长百仞，无枝《北次二经》载：洹山，三桑生之，其树皆无枝，其高百仞，即此。

239

范林方三百里，在三桑东，洲环其下水中可居者环绕也。

务隅之山，帝颛顼葬于阳，九嫔葬于阴。一曰爰有熊、罴、文虎、离朱、鸱久、视肉。

平丘在三桑东，爰有遗玉玉石、青马、视肉、杨柳、甘柤、甘华，百果所生，在两山夹上谷，二大丘居中，名曰平丘。

北海内有兽，其状如马，名曰騊駼野马之类。有兽焉，其名曰駮，状如白马，锯牙，食虎豹。有素纯色兽焉，状如马，名曰蛩蛩。有青兽焉，状如虎，名曰罗罗云南旧称虎为罗罗。

北方禺彊一说为北海海神，人面鸟身，珥耳饰两青蛇，践踏也两青蛇。

| 译文 |

聂耳国在无肠国的东面，这里的人都能驱使两只花斑大虎，并且在行走时用手托着自己的大耳朵。聂耳国在海水环绕的孤岛上，所以能看到出入海水的各种怪物。有两只老虎在它的东面。

夸父要追赶太阳，到了日落也没追上。这时夸父很渴，想要喝水，于是喝黄河和渭河中的水，喝干了两条河水还是不解渴，又要向北去喝大泽中的水，最后，还没跑到就渴死在半路上了。他死时所抛掉的拐杖，变成了邓林。

夸父国在聂耳国的东面，这里的人身体高大，右手握着青色蛇，左手握着黄色蛇。邓林在它的东面，由两棵非常大的树木形成。另一种说法认为夸父国叫博父国。

禹所积石山在博父国的东面，是黄河流过的地方。

拘瘿国在禹所积石山的东面，那里的人常用一只手托着脖颈上的大肉瘤。另一种说法认为拘瘿国叫作利瘿国。

有种叫作寻木的树高达千里，在拘瘿国的南面，生长在黄河岸上的西北方。

跂踵国在拘瘿国的东面，那里的人走路双脚都不着地。另一种说法认为跂踵国叫反踵国。

欧丝平原在反踵国的东面，有一女子跪倚着桑树在吐丝。

三棵没有枝干的桑树，在欧丝平原的东面，这种树虽高达一百仞，却不生长树枝。

范林方圆三百里，在三棵桑树的东面，它的下面被沙洲环绕着。

务隅山，颛顼帝埋葬在山的南面，他的九个嫔妃埋葬在山的北面。另一种说法认为这里有熊、罴、花斑虎、离朱鸟、鸱久、视肉怪兽。

平丘在三棵桑树的东面。这里有遗玉、青马、视肉怪兽、杨柳树、甘柤树、甘华树，是各种果树生长的地方。在两座山相夹的一道山谷上，有两个大丘处于其间，叫作平丘。

北海内有一种野兽，形状像一般的马，名称是骐骏。又有一种野兽，名称是駮，形状像白色的马，长着锯齿般的牙，能吃老虎和豹子。又有一种素色的野兽，形状像马，名称是蛩蛩。还有一种青色的野兽，形状像老虎，名称是罗罗。

北方的禺彊，长着人的面孔和鸟的身子，耳朵上戴着两条青蛇，脚底下踏着两条青蛇。

卷九 海外东经

海外自东南陬至东北陬者。

䏿音借丘,爰有遗玉、青马、视肉、杨柳、甘柤、甘华,百果所生。在东海,两山夹丘,上有树木。一曰嗟丘。一曰百果所在,在尧葬东 尧帝所葬的地方,即狄山之阳。

大人国在其北,为人大,坐而削䑿划船。一曰在䏿丘北。

奢比亦神名之尸在其北,兽身、人面、大耳,珥两青蛇。一曰肝榆之尸在大人北。

君子国在其北,衣冠带剑,食兽,使二文虎在旁,其人好让不争。有薰华草,朝生夕死。一曰在肝榆之尸北。

𧈢𧈢即虹在其北,各有两首。一曰在君子国北。

朝阳之谷,神曰天吴,是为水伯。在𧈢𧈢北两水间。其为兽也,八首人面,八足八尾,背青黄。

青丘国在其北《南山经》有青丘之山,亦即青丘国之山也,其人食五谷,衣丝帛。其狐四足九尾。一曰在朝阳北。

帝命竖亥传说善于奔跑的人步丈量,五尺为一步,自东极至于西极,五亿十选万也九千八百步。竖亥右手把算算筹,长六寸,左手指青丘北。

243

奢尸：《大荒东经》里说它是神，长着人的头颅和兽的身体，一对大耳朵像狗耳，戴着两条青蛇。

大へくにちや
ひのふしんちや
ゐとりつく

奢尸

一曰禹令竖亥。一曰五亿十万九千八百步。

| 译文 |

海外从东南角到东北角的国家地区、山川河流分布如下：

先是一座嗟丘，这里有遗玉、青马、视肉、杨柳树、甘柤树、甘华树，这里是适宜各种果树开花结果的好地方。它就在东海边，夹在两座山之中，嗟丘上面有树木。另一种说法认为嗟丘也叫嗟丘。还有一种说法认为各种果树所生长的地方，在葬埋帝尧之地的东面。

大人国在它的北面，这里的人身材高大，坐在船上划船。一种说法认为大人国在嗟丘的北部。

奢比尸在大人国的北面，他长着野兽的身子、人的面孔、大大的耳朵，耳朵上戴着两条青蛇。另一种说法认为肝榆尸在大人国的北面。

君子国在奢比尸的北面，这里的人都比较文明，穿衣戴帽并且腰间佩剑，他们能吃野兽，这里的人都能使唤两只花斑老虎，老虎就在身旁，他们喜欢谦让而不争斗。这里有一种薰华草，早晨开花傍晚凋谢。另一种说法认为君子国在肝榆尸的北面。

䖡䖡在君子国的北面，它的国人都有两个脑袋。另一种说法认为䖡䖡在君子国的北面。

朝阳谷，有一个神人叫作天吴，就是所谓的水伯。他住在䖡䖡北面的两条河流之间。他长着野兽的外形，长着八个脑袋，每个脑袋都长着人一样的脸孔，还长着八只爪子八条尾巴，背部呈现出青中带黄的颜色。

青丘国在它的北面，那里的人吃五谷，穿丝帛。那里有一种狐狸，长着四只爪子九条尾巴。另一种说法认为青丘国在朝阳谷的北面。

天帝命令竖亥用脚步测量大地，从最东端走到最西端，是五亿十万九千八百步。竖亥右手拿着算筹，左手指着青丘国的北面。另一种说法认为是大禹命令竖亥测量大地的。还一种说法认为测量出五亿十万九千八百步。

黑齿国在其北，为人黑脱一齿字，食稻啖蛇，一赤一青，在其旁。一曰在竖亥北，为人黑首郝懿行案：当齿字之伪也，食稻使蛇，其一蛇赤。

下有汤谷谷中水热也；或作旸谷，日出之地。汤谷上有扶桑神木，在日出之处，十日所浴一说为十个太阳炙烤也没事；一说为木端有十日，状如莲花，光照其下，在黑齿北。居水中，有大木，九日居下枝，一日居上枝。

雨师妾古国名在其北，其为人黑，两手各操一蛇，左耳有青蛇，右耳有赤蛇。一曰在十日北，为人黑身人面，各操一龟。

玄股之国在其北，其为人股黑，衣鱼以鱼皮为衣食䴘即鸥，两鸟夹之。一曰在雨师妾北。

毛民之国在其北，为人身生毛。一曰在玄股北。

劳民国在其北，其为人黑。食果草实也，有一鸟两头。或曰教民。一曰在毛民北，为人面目手足尽黑。

东方句芒东方木神，鸟身人面，乘两龙。

建平元年四月丙戌公元前6年，待诏太常属臣望丁望，西汉人，官至光禄勋、左将军校治，侍中光禄勋臣龚王龚，官至侍中、侍中奉车都尉光禄大夫臣秀刘歆，官至奉车都尉，建平元年改为刘秀领主省担任校审。

译文

　　黑齿国在它的北面，这里的人牙齿漆黑，吃稻米，也吃蛇，还有一条红蛇和一条青蛇在身旁。另一种说法认为黑齿国在竖亥所在地的北面，那里的人是黑牙齿，吃着稻米驱使蛇，其中一条蛇是红色的。

　　黑齿国下面有汤谷。汤谷边上有一棵扶桑树，其上有十个太阳，在黑齿国的北面。在大海的中央，有一棵高大的树木，九个太阳停在树下休息，一个太阳停在树枝的上面。

　　雨师妾国在汤谷的北面，这里的人全身黑色，两只手各握着一条蛇，左边耳朵上挂有青色蛇，右边耳朵上挂有红色蛇。另一种说法认为雨师妾国在十个太阳所在地的北面，这里的人是黑色身子而人的面孔，两只手各握着一只龟。

　　玄股国在它的北面。这里的人大腿是黑色的，穿着鱼皮衣而吃鸥，两只鸟在身边听从驱使。另一种说法认为玄股国在雨师妾国的北面。

　　毛民国在它的北面，这里的人全身长毛。另一种说法认为毛民国在玄股国的北面。

　　劳民国在它的北面，这里的人全身黑色，吃野果充饥，这里还有一种两头的鸟。有的人称劳民国为教民国。另一种说法认为劳民国在毛民国的北面，这里的人脸面、眼睛、手脚全是黑的。

　　东方的木神句芒，长着鸟的身子、人的面孔，乘着两条龙。

　　建平元年（公元前6年）四月丙戌日，待诏太常属臣丁望校治，侍中光禄勋臣王龚、侍中奉车都尉光禄大夫臣刘秀担任校审。

卷十 海内南经

海内东南陬以西者。

瓯居海中一说为东瓯国，在今浙江温州一带，汉武帝时灭国。闽在海中在今福建福州一带，其西北有山。一曰闽中山在海中。

三天子鄣山在闽西海北。一曰在海中。

桂林八树在番隅东。

伯虑国、离耳国、雕题国、北朐音渠国皆在郁水南。郁水出湘陵南海。一曰相虑。

枭阳国在北朐之西，其为人人面长唇，黑身有毛，反踵，见人则笑，左手操管。

兕在舜葬东，湘水南，其状如牛，苍黑，一角。

苍梧之山，帝舜葬于阳，帝丹朱帝尧之子葬于阴。

氾林方三百里，在狌狌《南山经》之首䧿山有狌狌，疑指此山东。

狌狌知人名能分辨人，其为兽如豕而人面，在舜葬西。

狌狌西北有犀牛，其状如牛而黑。

夏后启之臣曰孟涂，是司神于巴人，请讼于孟涂之所，其衣有血者乃执之谁的衣服有血迹，就抓谁，是请生放走。居山上，在丹山西。丹

249

山在丹阳南，丹阳居属也孟涂之所。

窫窳《北山经》少咸之山有窫窳，食人，居弱水中，在狌狌之西，其状如貙，龙首，食人。

有木，其状如牛，引之有皮，若缨、黄蛇郝懿行案：缨谓缨带，引其皮缨带若黄蛇之状也。其叶如罗网罗，其实如栾栾，木名，黄本，赤枝，青叶，生云雨山，其木若芑刺榆树，其名曰建木。在窫窳西弱水上。

氐人国在建木西，其为人人面而鱼身，无足。

巴蛇食象，三岁而出其骨，君子服之，无心腹之疾不患心腹之病。其为蛇青黄赤黑。一曰黑蛇青首《海内经》载朱卷之国，有黑蛇，青首，食象，在犀牛西。

旄马，其状如马，四节有毛。在巴蛇西北，高山南。

匈奴、开题之国、列人之国并在西北。

译文

海内东南角以西的国家、山川、物产依次如下：

瓯在海中。闽在海中，它的西北方有座山。另一种说法认为闽地的山在海中。

三天子鄣山在闽的西方，海的北边。另一种说法认为三天子鄣山也在海中。

桂林的八棵树很大而形成树林，处在番隅的东面。

伯虑国、离耳国、雕题国、北朐国都在郁水的南岸。郁水发源于湘陵南山。另一种说法认为伯虑国叫作相虑国。

旋马：《穆天子传》中记载周穆王西行狩猎时曾以旋马、牦牛、龙狗等祭祀山神。

龍馬

枭阳国在北朐国的西面,那里的人长着人脸,但还长着长长的嘴唇,黑黑的身子,有长毛,脚跟在前而脚尖在后,这里的人一看见人就笑,左手握着一根竹筒。

兕在帝舜葬地的东面,在湘水的南岸,兕的形状像一般的牛,通身是青黑色,长着一只角。

苍梧山,帝舜葬在这座山的南面,帝丹朱葬在这座山的北面。

氾林方圆三百里,在狌狌生活之地的东面。

狌狌能知道人的姓名,这种野兽的形状像一般的猪却长着人的面孔,生活在帝舜葬地的西面。

狌狌的西北面有犀牛,它的形状像一般的牛而全身是黑色的。

夏国国君启有个大臣叫孟涂,是主管巴地司法的神。巴地的人到孟涂那里去告状,衣服沾上血迹的就会被抓,其余的人就会被放了。孟涂住在一座山上,这座山在丹山的西面。丹山在丹阳的南面,而丹阳也是孟涂管辖的属地。

窫窳住在弱水中,在狌狌居住之地的西面,它的外形看起来就像是貙,长着龙头,它能吃人。

有一种树木,形状像牛,一拉树皮就掉了,就像摘掉缨带,又像黄色蛇皮。它的叶子像罗网,果实像栾树结的果实,树干像刺榆,名字叫建木。这种建木生长在窫窳所在地以西的弱水边上。

氐人国在建木的西面,那里的人长着人的面孔,却是鱼的身子,没有脚。

巴蛇能吞下大象,吞吃后三年才吐出大象的骨头,有才能德品的人吃了巴蛇的肉,就不患心痛或肚子痛之类的病。这种巴蛇的颜色是青色、黄色、红色、黑色混合间杂在一起的。另一种说法认为巴蛇是黑色身子青色脑袋，在犀牛所在地的西面。

旄马，形状像普通的马，但四条腿的关节上都有长毛。旄马在巴蛇所在地的西北面，一座高山的南面。

匈奴国、开题国、列人国都在西北方。

卷十一 海内西经

海内西南陬以北者本卷于今本不同处，依光绪十二年还读楼《山海经笺疏》。

贰负神仙，《海内北经》载贰负神在鬼国东，其为物人面蛇身之臣曰危，危与贰负杀窫窳。帝乃梏犹系缚也之疏属之山，桎其右足，反缚两手与发李善注引此经无"与发"字，系之山上木。在开题西北。

大泽方百里，群鸟所生及所解。在雁门北。

雁门山，雁出其间。在高柳北。

高柳在代北代地，在今山西省内。

后稷周人始祖，非神话人物之葬，山水环之。在氐国西。

流黄酆氏之国，中方三百里言国城内，即国之面积。有涂道路四方，中有山。在后稷葬西。

流沙出钟山《西次三经》有钟山，即此，西行又南行昆仑之虚，西南入海，黑水之山。

东胡一说为今东北地区在大泽东。

夷人在东胡东。

貊国在汉水东北。地近于燕，灭之。

孟鸟郝懿行案:《海外西经》有灭蒙鸟在结匈国北,疑亦此鸟也在貊国东北,其鸟文赤、黄、青,东乡向东。

海内昆仑之虚即昆仑虚,在西北,帝之下都。昆仑之虚,方八百里,高万仞周秦时以八尺为仞,汉时以七尺为仞。上有木禾,长五寻,大五围。面有九井,以玉为槛栏杆。面有九门,门有开明兽守之,百神之所在。在八隅之岩在岩间也,赤水之际,非仁羿羿神莫能上冈之岩。

赤水出东南隅,以行其东北,西南流注南海厌火东。

河水出东北隅,以行其北,西南又入渤海,又出海外,即西而北,入禹所导积石山《西次三经》有积石之山,即此。

洋水、黑水出西北隅,以东,东行,又东北,南入海,羽民南。

弱水、青水出西南隅,以东,又北,又西南,过毕方鸟东。

昆仑南渊深三百仞。开明兽一说为《西次三经》陆吾神身大类虎而九首,皆人面,东向立昆仑上。

开明西有凤皇、鸾鸟,皆戴蛇践蛇,膺胸口有赤蛇。

开明北有视肉、珠树、文玉树、玗琪树、不死树《海外南经》有不死树,食之乃寿。凤皇、鸾鸟皆戴瞂盾也。又有离朱、木禾、柏树、甘水、圣木、曼兑,一曰挺木牙交。

开明东有巫彭、巫抵、巫阳、巫履、巫凡、巫相神巫名,夹窫窳之尸,皆操不死之药以距拒死。窫窳者,蛇身人面,贰负臣所杀也。

服常树,其上有三头人,伺琅玕树。

开明南有树鸟,六首;蛟、蝮大蛇也、蛇、蜼猿猴也、豹、鸟秩树,于表池树木;诵鸟、鶽雕的一种、视肉。

陆吾：传说中昆仑山的山神，《西次三经》载其人面虎身九尾，《海内西经》则称昆仑山上的开明兽其人面九头虎身，当代学者袁珂认为陆吾即开明兽。

神陆

译文

海内从西南角向北的国家地区、山川河流分布如下:

贰负的臣子叫危,危与贰负合伙杀死了窫窳。天帝便把贰负拘禁在疏属山中,并给他的右脚戴上刑具,还用他自己的头发反绑上他的双手,拴在山上的大树下。这个地方在开题国的西北面。

大泽方圆一百里,是各种禽鸟生卵孵化幼鸟和脱换羽毛的地方。大泽在雁门的北面。

雁门山,是大雁冬去春来出入的地方。雁门山在高柳山的北面。

高柳山在代地的北面。

国君后稷的葬地,有青山绿水环绕着它。后稷葬地在氐国的西面。

流黄酆氏国,疆域有方圆三百里大小。有道路通向四方,中间有一座大山。流黄酆氏国在后稷葬地的西面。

流沙的发源地在钟山,向西流动而后再朝南流过昆仑山,继续往西南流入大海,直到黑水山。

东胡国在大泽的东面。

夷人国在东胡国的东面。

貊国在汉水的东北面。它靠近燕国的边界,后来被燕国灭掉了。

孟鸟在貊国的东北面,这种鸟的羽毛花纹有红、黄、青三种颜色,向着东方。

海内的昆仑山,屹立在西北方,是天帝在人间的都城。昆仑山,方圆八百里,高一万仞。山顶有一棵像大树似的稻谷,高达五寻,需五人才能将其合抱。昆仑山的每一面都有九眼井,每眼井都有用玉石制成的围栏。昆仑山的每一面都有九道门,而每道门都有称作开明的神兽守卫,是众多天神聚集的地方。众多天神聚集的地方是在八方山岩之间,赤水的岸边,没有羿神那样的本领就不能攀上那些山冈岩石。

赤水从昆仑山的东南角发源,然后流到昆仑山的东北方,又转向西南流而注到南海厌火国的东边。

黄河水从昆仑山的东北角发源,然后流到昆仑山的北面,再折向西南流入渤海,又流出海外,就此向西而后往北流,一直流入禹疏导过的积石山。

洋水、黑水从昆仑山的西北角发源,然后折向东方,朝东流去,再折向东北方,又朝南流入大海,直到羽民国的南面。

弱水、青水从昆仑山的西南角发源,然后折向东方,朝北流去,再折向西南方,又流经毕方鸟所在地的东面。

昆仑山的南面有一个深三百仞的渊潭。开明神兽的身子像老虎却长着九个脑袋,九个脑袋都是人的面孔,朝东立在昆仑山顶。

开明神兽的西面有凤凰、鸾鸟栖息,身上缠绕着蛇脚下踩踏着蛇,胸前还有红色的蛇。

开明神兽的北面有视肉兽、珠树、文玉树、玗琪树、不死树,那里的凤凰、鸾鸟都戴着盾牌,还有三足乌、像树似的稻谷、柏树、甘水、圣木、曼兑。另一种说法认为圣木曼兑叫作挺木牙交。

开明神兽的东面有巫师神医巫彭、巫抵、巫阳、巫履、巫凡、巫相,他们围在窫窳的尸体周围,都手捧不死药来复活他。这位窫窳,长着蛇的身子人的面孔,是被贰负和他的臣子危合伙杀死的。

有一种服常树,它上面有个长着三颗头的人,静静伺察着长在附近的琅玕树。

　　开明神兽的南面有种树鸟,长着六个脑袋;那里还有蛟龙、蝮蛇、猿猴、豹子、鸟秩树,在水池四周环绕着树木;那里还有诵鸟、鹛、视肉兽。

卷十二 海内北经

海内西北陬以东者本卷原文依光绪本。

蛇巫之山，上有人操杯棍棒而东向立。一曰龟山。

西王母梯依靠几小桌而戴胜头饰杖司马相如《大人赋》引此经无"仗"字，疑衍文，其南有三青鸟，为西王母取食。在昆仑虚北。

有人曰大行伯，把戈。其东有犬封国。贰负之尸《海内西经》有贰负之臣曰危，危与贰负杀窫窳，帝乃梏之疏属之山，桎其右足，反缚两手与发，系之山上木。则贰负应一同受刑在大行伯东。

犬封国曰犬戎国，状如犬。有一女子，方跪进杯食一说为杯字，与酒食也。有文马《海外西经》奇肱之国人乘文马，缟身白色朱鬣，目若黄金，名曰吉量，乘之寿千岁。

鬼国一说为一曰国在贰负之尸北，为物人面而一目。一曰贰负神在其东，为物人面蛇身。

蜪音淘犬如犬，青，食人从首始。

穷奇《西次四经》有穷奇，音如獋狗，是食人，即此也状如虎，有翼，食人从首始，所食被发，在蜪犬北。一曰从足。

帝尧台、帝喾台、帝丹朱台、帝舜台，各二台，台四方，在昆仑东北。

大蜂其状如螽_{小虫}；朱蛾其状如蛾。

蛴，其为人虎文，胫有䏿。在穷奇东。一曰状如人。昆仑虚北所有_{以上所言都在昆仑虚北}。

阘_{音踏}非，人面而兽身，青色。

据比_{神名}之尸，其为人折颈被发，无一手。

环狗，其为人兽首人身。一曰蝟状、如狗，黄色。

袜_{即魅也}，其为物人身、黑首、从_{纵也}目。

戎，其为人人首三角。

| 译文 |

海内从西北角向东的国家地区、山川河流分布如下：

蛇巫山，上面有人拿着一根棍棒面朝东站着。另一种说法认为蛇巫山叫作龟山。

西王母靠倚着小桌而头戴饰品，南面有三青鸟，正在为西王母觅取食物。西王母和三青鸟的所在地是昆仑山的北面。

有个神人叫大行伯，手握一把戈。在他的东面有犬封国。贰负之尸也在大行伯的东面。

犬封国也叫犬戎国，那里的人都是狗的模样。犬封国有一女子，正跪在地上捧着一杯酒食向人进献。那里还有文马，是白色身子红色鬃毛，眼睛像黄金一样闪闪发光，名叫吉量，骑上它就能使人长寿千岁。

鬼国在贰负之尸的北面，那里的人是人的面孔却长着一只眼睛。另一种说法认为贰负神在鬼国的东面，他是人的面孔和蛇的身子。

蜪犬的形状像一般的狗，全身是青色，它吃人是从人的头部开始吃起。

穷奇的形状像一般的老虎，却生有翅膀，它吃人是从人的头部开始吃。正被吃的人披散着头发。穷奇在蜪犬的北面。另一种说法认为穷奇吃人是从人的脚开始吃起。

帝尧台、帝喾台、帝丹朱台、帝舜台，各自有两座台，每座台都是四方形，在昆仑山的东北面。

有一种大蜂，形状像小虫；有一种红色的蚂蚁，形状像蚍蜉。

蟜，长着人的身子却有着老虎一样的斑纹，小腿上有强健的肌肉。蟜在穷奇的东面。另一种说法认为蟜的形状像人，是昆仑山北面所独有的。

阘非，长着人的面孔、兽的身子，全身青色。

天神据比的尸首，形象是折断了脖子而披散着头发，没了一只手。

环狗，长着野兽的脑袋，人的身子。另一种说法认为是刺猬的样子而又像狗，全身是黄色。

袜，有人的身子、黑色的脑袋、竖着长的眼睛。

戎，这种人长着人的头而头上却有三只角。

林氏国有珍兽，大若虎，五采毕具，尾长于身，名曰驺吾 《六韬》云纣囚文王，闳夭之徒诣林氏国，求得此兽献之，纣王大悦，乃释之，乘之日行千里。

昆仑虚南所，有氾林方三百里。

从极之渊，深三百仞，维冰夷 冯夷也，即河伯 恒都焉。冰夷人面，乘两龙。一曰忠极之渊。

阳汙之山，河出其中；凌门之山，河出其中。

王子夜之尸，两手、两股、胷 郝懿行案：当为匈、首、齿，皆断异处。

舜妻登比氏生宵明、烛光 舜之二女之名也，处河大泽，二女之灵能照此所方百里。一曰登北氏。

盖国在巨燕南，倭北。倭属燕。

朝鲜在列阳东，海北山南。列阳属燕。

列姑射在海河州中。

射姑国在海中，属列姑射；西南，山环之。

大蟹 盖千里之蟹也在海中。

陵鱼人面，手足，鱼身，在海中。

大鯾 鲂鱼也居海中。

明组邑居海中。

蓬莱山在海中。

大人之市 郝懿行案：今登州海中州岛上，春夏之交恒见城郭市井人物往来，有飞仙遨游，俄顷变幻，世人谓之海市在海中。

| 译文 |

林氏国有一种珍奇的野兽，大小与老虎差不多，身上有五种颜色的斑纹，尾巴比身子长，名叫驺吾，骑上它可以日行千里。

昆仑山南面的地方，有一片方圆三百里的繁茂树林。

从极渊深有三百仞，只有冰夷常常住在这里。冰夷长着人的面孔，乘着两条龙。另一种说法认为从极渊叫作忠极渊。

阳汙山，黄河的一条支流从这座山发源；凌门山，黄河的另一条支流从这座山发源。

王子夜的尸体，两只手、两条腿、胸脯、脑袋、牙齿，都斩断而分散在不同地方。

帝舜的妻子登比氏生了宵明、烛光两个女儿，她们住在黄河边上的大泽中，两位神女的灵光能照亮这里方圆百里的地方。另一种说法认为帝舜的妻子叫登北氏。

盖国在燕国的南面，倭国的北面，倭国隶属于燕国。

朝鲜在列阳的东面，北面有大海而南面有高山。列阳隶属于燕国。

列姑射在大海的河州上。

射姑国在海中，隶属于列姑射，射姑国的西南部，高山环绕着它。

大蟹生活在海里。

陵鱼长着人的面孔，而且有手有脚，却是鱼的身子，生活在海里。

大鲰鱼生活在海里。

明组邑生活在海岛上。

蓬莱山屹立在海中。

大人国的集市在海里。

卷十三 海内东经

海内东北陬以南者。

巨燕在东北陬袁珂本认为以下应为《海内北经》"盖国在巨燕南"后十节文字；今从清光绪十二年还读楼刊本。

国在流沙中者埻端古国名、玺𣦼古国名，在昆仑虚东南。一曰海内之郡，不为郡县，在流沙中。

国在流沙外者袁珂本认为此下三节应在《海内西经》"流沙出钟山"后，今从清光绪十二年还读楼刊本，大夏、竖沙、居繇、月支之国或为大月氏国，见《汉书·西域传》。

西胡白玉山在大夏东，苍梧在白玉山西南，皆在流沙西，昆仑虚东南。昆仑山在西胡西，皆在西北。

雷泽中有雷神，龙身而人头，鼓其腹。在吴西。

都州在海中。一曰郁州。

琅邪台在渤海间，琅邪之东。其北有山。一曰在海间。

韩雁指古代三韩。《汉书·东夷列传》说："韩有三种，一曰马韩，二曰辰韩，三曰弁辰。"在海中，都州南。

始鸠古国名在海中，辕厉即韩雁也南。

会稽山在大楚应为越国南。

| 译文 |

海内从东北角向南的国家地区、山川河流的分布依次如下：

大燕国在海内的东北角。

在大流沙以内的国家有埻端国、玺䃄国，都在昆仑山的东南面。另一种说法认为埻端国和玺䃄国是在海内建置的郡，不把它们称为郡县，是因为处在流沙中的缘故。

在流沙以外的国家，有大夏国、竖沙国、居繇国、月支国。

西方胡人的白玉山国在大夏国的东面，苍梧国在白玉山国的西南面，都在流沙的西面，昆仑山的东南面。昆仑山位于西方胡人所在地的西面。这些国家和山川的位置都在西北方。

雷泽中有一位雷神，长着龙的躯体、人的脑袋，他一鼓起肚子，天空中就响起巨雷。雷泽在吴地的西面。

都州在海里。一种说法认为都州立叫作郁州。

琅邪山位于渤海之间，在琅邪台的东面。琅邪台的北面有座山。另一种说法认为琅邪山在海中。

韩雁在海中，又在都州的南面。

始鸠在海中，又在韩雁的南面。

会稽山在大楚的南面。

岷三江首：大江出汶山汶即岷也。见《中次九经》，北江出曼山即崌山，南江出高山即邛崃山。高山在城都西。入海在长州南。

浙江出三天子都山名，《海内南经》有三天子鄣山，在其蛮东。在闽西北，入海余暨南。

庐江出三天子都，入江彭泽西。一曰天子鄣。

淮水出余山，余山在朝阳东，义乡西，入海淮浦北。

湘水出舜葬舜葬于苍梧之山，见《海内南经》东南陬，西环之。入洞庭下。一曰东南西泽。

汉水出鲋鱼之山《海外北经》载颛顼葬于务隅之山，帝颛顼葬于阳，九嫔葬于阴，四蛇卫之。

蒙水出汉阳西，入江，聂阳西。

温水出崆峒，崆峒山在临汾南，入河华阳北。

颍水出少室，少室山在雍氏南，入淮西鄢北。一曰缑氏。

汝水出天息山，在梁勉乡西南，入淮极西北。一曰淮在期思北。

泾水出长城北山即秦所筑长城，山在郁郅长垣北，入渭戏地名，在今陕西西安新丰一带北。

渭水出鸟鼠同穴山《西次四经》载此山，东注河，入华阴北。

白水出蜀，而东南注江，入江州城下。

沅水出象郡镡城西，东注江，入下隽西，合洞庭中。

赣水出聂都东山，东北注江，入彭泽西。

泗水出鲁东北而南，西南过湖陵西，而东南注东海，入淮阴北。

郁水出象郡，而西南注南海，入须陵东南。

肄水出临晋一说为湖南临武县西南，而东南注海，入番禺西。

潢水出桂阳西北山，东南注肄水，入敦浦西。

洛水出上洛西山，东北注河，入成皋西。

汾水出上窳北，而西南注河，入皮氏皮氏县属平阳南。

沁水出井陉山东，东南注河，入怀东南。

济水出共山南东丘，绝渡巨鹿泽，注渤海，入齐琅槐东北。

潦水出卫皋东，东南注渤海，入潦阳属辽东郡。

虖沱水出晋阳城南，而西至阳曲北，而东注渤海，入章武北。

漳水出山阳东，东注渤海，入章武南。

建平元年四月丙戌，待诏太常属臣望校治，侍中光禄勋臣龚、侍中奉车都尉光禄大夫臣秀领主省。

|译文|

岷山是长江三条支流的源头，大江从汶山流出，北江从曼山流出，南江从高山流出。高山在城都西边，南江在长州南面汇入大海。

浙江发源于三天子都山，这座山在其蛮的东面，在闽的西北，在余暨南面汇入大海。

庐江发源于天子都山，在彭泽湖的西面汇入长江。另一说法是庐江发源于天子鄣山。

淮水发源于余山，余山在朝阳的东面，义乡的西面，最后在淮浦的北面汇入大海。

湘水发源于埋葬帝舜那座山的东南角，向西环流，最后汇入洞庭湖。另一种说法是汇入东南西湖。

汉水发源于鲋鱼山，颛顼帝葬在这座山的南面，他的九个嫔妃葬在这座山的北面，有四条大蛇保护着墓地。

蒙水发源于汉阳的西面，在聂阳的西边汇入长江。

温水发源于崆峒山，崆峒山在临汾的南面，最后在华阳县北汇入黄河。

颍水发源于少室山，少室山在雍氏城的南面，在西鄂的北面汇入淮水。另一种说法是少室山在缑氏城的南面。

汝水发源于天息山，在梁勉乡西南，在极西的北面汇入淮水。另一种说法是在期思的北面汇入淮水。

泾水发源于长城山的北面，山在郁郅县和长垣县的北面，最后在戏县的北面汇入渭水。

渭水发源于鸟鼠同穴山，东流，在华阴县的北面汇入黄河。

白水发源于蜀山，流向东南，在江州城下汇入长江。

沅水发源于象郡镡城西，向东流，在下隽的西面，汇入洞庭湖中。

赣水发源于聂都的东山，向东北流，最后在彭泽县的西面注入长江。

泗水发源于鲁国的东北，然后向南流，又向西南流经湖陵的西面，最后向东南流去，在淮阴县北面注入东海。

郁水发源于象郡，流向西南，最后在须陵的东南注入南海。

肄水发源于临晋县的西南面，向东南流，最后在番禺的西面注入大海。

潢水发源于桂阳县西北面的山中，向东南流，最后在敦浦的西面注入肄水。

洛水发源于上洛西山，向东北流，在成皋的西面注入黄河。

汾水发源于上窳北，向西南流，在皮氏县的南面注入黄河。

沁水发源于井陉山东，向东南流，在怀县的东南注入黄河。

济水发源于共山南面的东丘，路经巨鹿泽，在齐国的琅槐县东北注入渤海。

潦水发源于卫皋的东面，向东南流，在潦阳县注入渤海。

滹沱河发源于晋阳城南，向西流，经过阳曲县的北面，再向东流，最后在章武的北面注入渤海。

漳水发源于山阳的东面，向东流，在章武的南面注入渤海。

建平元年（公元前6年）四月丙戌，待诏太常属臣丁望校治，侍中光禄勋臣王龚、侍中奉车都尉光禄大夫臣刘秀担任校审。

卷十四 大荒东经

东海郝懿行案：《大荒东经》以下五篇皆后人所述也，又此下诸篇大抵本之海外内诸经而加以诠释，文多杂漫无统纪之外大壑深涧，少昊《西次三经》有载之国。少昊孺养也帝颛顼于此，弃其琴瑟。有甘山者，甘水出焉，生甘渊水积则成渊也。

大荒东南隅有山，名皮母地丘。

东海之外，大荒之中，有山名曰大言，日月所出。

有波谷山者，有大人之国。有大人之市，名曰大人之堂。有一大人踆同蹲其上，张其两耳《太平御览》引此经"耳"作"臂"。

有小人国，名靖人。

有神，人面兽身，名曰犁𩴦之尸。

有潏山，杨水出焉。

有蒍国郝懿行案：当为涉貊，在辽东一带，《汉书·乌桓传》有载，黍食言此国中惟有黍谷也，使四鸟鸟兽通名：虎、豹、熊、罴。

大荒之中，有山名曰合虚，日月所出。

有中容之国。帝俊舜帝生中容，中容人食兽、木实树木的叶子皆可食，使四鸟：豹、虎、熊、罴。

有东口之山。有君子之国，其人衣冠带剑。

译文

东海之外有一处极深的沟壑，这里就是少昊建立的国家。少昊正是在这里抚养帝颛顼成长的。帝颛顼幼年玩耍过的琴瑟还丢在沟壑里。有一座甘山，甘水河从山里发源，流汇成了甘渊。

大荒的东南角有座山，叫皮母地丘。

东海以外，大荒当中，有座山叫大言山，是太阳和月亮初出升起的地方。

有座波谷山，有个大人国就在这山里。有大人做买卖的集市，就在叫作大人堂的山上。有一个大人正蹲在山上面，张开他的两只手臂。

有个小人国，这里的人被称作靖人。

有一个天神，长着人的面孔、野兽的身子，叫作犁𩲢之尸。

有座㵢山，杨水河从这座山发源。

有一个芳国，那里的人以黍米为食物，能驯化驱使四种野兽：老虎、豹子、熊、罴。

在大荒当中，有座山叫作合虚山，是太阳和月亮初出升起的地方。

有一个国家叫中容国。帝俊生了中容，中容国的人狩猎食肉、还采食果树的果子，能驯化驱使四种野兽：豹子、老虎、熊、罴。

有座东口山。有个君子国就在东口山，那里的人穿衣戴帽而且腰间佩带宝剑。

有司幽之国。帝俊生晏龙，晏龙生司幽，司幽生思士，不妻；思女，不夫。食黍，食兽，是使四鸟。

有大阿之山者。

大荒中有山名曰明星，日月所出。

有白民之国。帝俊生帝鸿，帝鸿生白民，白民销姓，黍食，使四鸟：虎、豹、熊、罴。

有青丘之国。有狐，九尾。

有柔仆民，是维嬴土土地肥沃之国。

有黑齿之国。帝俊生黑齿《海外东经》有黑齿国，姜姓，黍食，使四鸟。

有夏州之国。有盖余之国。

有神人，八首人面，虎身十尾，名曰天吴。

大荒之中，有山名曰鞠陵于天、东极、离瞀三山名也，日月所出。名曰折丹神人，东方曰折，来风曰俊，处东极以出入风。

东海之渚水中小洲中有神，人面鸟身，珥两黄蛇，践两黄蛇，名曰禺䝞。黄帝生禺䝞，禺䝞生禺京郝懿行案：即禺疆，北方神，见《海外北经》，禺京处北海，禺䝞处东海，是为海神。

有招摇山，融水出焉。有国曰玄股，黍食，使四鸟。

有困民国，勾姓，而食即食黍。有人曰王亥，两手操鸟，方食其头。王亥托寄也于有易、河伯、仆牛有易、河伯、仆牛皆人姓名。有易杀王亥，取抓仆牛。河伯念哀念有易，有易潜出，为国于兽，方食之，名曰摇民。帝舜生戏，戏生摇民郝懿行案：今广西有摇民。

海内有两人此为有易所化，郝懿行案：一为摇民，一为女丑，名曰女丑。女丑有大蟹《海内北经》有大蟹。

277

大荒之中，有山名曰孽摇頵羝，上有扶木扶桑，柱三百里，其叶如芥。有谷曰温源谷即汤谷。汤谷上有扶木，一日方至，一日方出言交会相代也，皆载于乌。

有神，人面、犬耳、兽身，珥两青蛇，名曰奢比尸。

| 译文 |

有个国家叫司幽国。帝俊生了晏龙，晏龙生了司幽，司幽生了思士，思士未娶妻子；司幽还生了思女，而思女未嫁丈夫。司幽国的人吃黍米，也吃野兽肉，能驯化驱使四种野兽。

有一座山叫作大阿山。

大荒当中有一座高山，叫作明星山，是太阳和月亮初出升起的地方。

有个国家叫白民国。帝俊生了帝鸿，帝鸿生了白民，白民国的人姓销，以黍米为食物，能驯化驱使四种野兽：老虎、豹子、熊、罴。

有个国家叫青丘国。青丘国有一种狐狸，长着九条尾巴。

有一群人被称作柔仆民，他们所在的国土很肥沃。

有个国家叫黑齿国。帝俊生了是黑齿，姓姜，那里的人吃黍米，能驯化驱使四种野兽。

有个国家叫夏州国。在夏州国附近又有一个盖余国。

有个天神，长着八颗脑袋，每个脑袋都长着一张人脸，还长着老虎一样的身子，身后长着十条尾巴，名叫天吴。

在大荒当中，有三座高山分别叫作鞠陵于天山、东极山、离瞀山，都是太阳和月亮初出升起的地方。有个神人名叫折丹，东方人单称他为折,从东方吹来的风称作俊,他就处在大地的东极,主管风起风停。

东海的岛屿上,有一个天神,长着人的面孔,鸟的身子,耳朵上挂着两条黄色的蛇,脚底下踩着两条黄色的蛇,名叫禺䝞。黄帝生了禺䝞,禺䝞生了禺京。禺京住在北海,禺䝞住在东海,都是海神。

有座招摇山,融水从这座山发源。有一个国家叫玄股国,那里的人吃黍米,能驯化驱使四种野兽。

有个国家叫困民国,那里的人都姓匀,以黍米为食物。有个人叫王亥,两手抓着一只鸟,正在吃鸟的头。后来王亥被托付给了有易、河伯和仆牛。有易把王亥杀死,还抓了仆牛。河伯可怜有易,便帮助有易偷偷地逃出来,在野兽出没的地方建立国家,不吃五谷,吃野兽肉,这个国家叫摇民国。另一种说法认为帝舜生了戏,戏的后代就是摇民。

海内有两个神人,其中的一个名叫女丑。女丑有一只听使唤的大螃蟹。

在大荒当中,有一座山名叫孽摇頵羝。山上有棵扶桑树,高耸三百里,叶子的形状像芥菜叶。有一道山谷叫作温源谷。汤谷上面也长了棵扶桑树,一个太阳刚刚回到汤谷,另一个太阳就从扶桑树升上去,都被三足乌驮在背上。

有一个神人,长着人的面孔、狗的耳朵、野兽的身子,耳朵上被挂着两条青色的蛇,名叫奢比尸。

有五采之鸟疑为鸾鸟,相乡向弃沙郝懿行案:沙疑与娑同,鸟羽娑娑然也。惟帝俊下友。帝下两坛,采鸟是司言山下有舜二坛,五采乌主之。

大荒之中,有山名猗天苏门,日月所生。有壎民之国。

有綦山。又有摇山。有䰝山。又有门户山。又有盛山。又有待山。有五采之鸟。

东荒之中，有山名曰壑明俊疾，日月所出。有中容之国。

东北海外，又有三青马、三骓马苍白，杂毛、甘华。爰有遗玉、三青鸟、三骓、视肉、甘华、甘柤，百谷所在。

有女和月母之国。有人名曰鹓，北方曰鹓，来之风曰狻，是处东北隅，以止日月，使无相间出没，司其短长言鹓主察日月出入，不令得相间错，知景之短长。

大荒东北隅中，有山名曰凶犁土丘。应龙龙有翼者也处南极，杀蚩尤与夸父，不得复上意为在人间镇守。故下数旱上无复作雨者，故也。旱而为应龙之状，乃得大雨相传大禹治水时，有神龙以尾画导水路经，大禹按图所治，后世所谓应龙之状，盖指此。

东海中有流波山，入海七千里。其上有兽，状如牛，苍身而无角，一足，出入水则必风雨，其光如日月，其声如雷，其名曰夔传说中一只脚的怪兽。黄帝得之，以其皮为鼓，橛以雷兽之骨即夔的骨头，声闻五百里，以威天下。

| 译文 |

有一群长着五彩羽毛的鸟相对而舞，帝俊从天上下来和它们交友。帝俊在下界的两座祭坛，由这群五彩鸟掌管着。

在大荒当中，有一座山名叫猗天苏门山，是太阳和月亮初出升起的地方。有个国家叫壎民国。

有座綦山。又有座摇山。又有座䅐山。又有座门户山。又有座盛山。又有座待山。还有一群五彩鸟。

在东荒当中,有座山名叫壑明俊疾山,是太阳和月亮初出升起的地方。这里还有个中容国。

东北海外,又有三青马、三骓马、甘华树。这里还有遗玉、三青鸟、三骓马、视肉怪兽、甘华树、甘柤树。是各种庄稼生长的地方。

有个国家叫女和月母国。有一个神人名叫鹓,北方人称作鹓,从那里吹来的风称作狻,他就处在大地的东北角以便控制太阳和月亮,使它们不会交相错乱地出没,掌握它们升起落下时间的长短。

在大荒的东北角上,有一座山名叫凶犁土丘山。应龙就住在这座山的最南端,它因帮助黄帝杀了蚩尤和夸父,不能再回到天上,天上没有施雨的应龙,人间就常闹旱灾。后来一有旱灾,人们就画出应龙的样子求雨,就能得到大雨。

东海当中有座流波山,这座山在进入东海七千里的地方。山上有一种野兽,形状像普通的牛,长着苍青色的身子却没有犄角,仅有一只蹄子,出入海水时就一定有大风大雨相伴随,它发出的亮光如同太阳和月亮,它吼叫的声音如同雷响,名叫夔。黄帝得到它,便用它的皮蒙鼓,再拿它的骨头敲打这鼓,响声传到五百里以外,用来威震天下。

卷十五 大荒南经

南海之外，赤水赤水出昆仑山之西，流沙流沙出钟山之东，有兽，左右有首即并封兽，名曰跊踢。有三青兽相并，名曰双双言体合为一也。

有阿山者。南海之中，有氾天之山，赤水穷焉。赤水之东，有苍梧之野，舜与叔均之所葬也。爰有文贝、离俞即离朱、鸱久、鹰贾一说为鹰的一种、委维长着两个头的蛇、熊、罴、象、虎、豹、狼、视肉。

有荣山，荣水出焉。黑水之南，有玄蛇，食麈大鹿。

有巫山者，西有黄鸟。帝药八斋。黄鸟于巫山，司此玄蛇言主之也，看守神药。

大荒之中，有不庭之山，荣水穷焉。有人三身，帝俊妻娥皇，生此三身之国，姚姓，黍食，使四鸟。有渊四方，四隅皆达，北属连接黑水，南属大荒，北旁名曰少和之渊，南旁名曰从渊，舜之所浴也。

又有成山，甘水甘水见《大荒东经》穷焉。有季禺之国，颛顼之子，食黍。有羽民之国见《海外南经》，其民皆生毛羽。有卵民之国，其民皆生卵卵生。

大荒之中，有不姜之山，黑水穷焉。又有贾山，汔水出焉。又有言山。又有登备之山即登葆山，天梯。有恝恝之山。又有蒲山，澧水出焉。又有隗山，其西有丹丹腹也，其东有玉。又南有山，漂水出焉。有尾山。

有翠山。

有盈民之国，於姓，黍食。又有人方食木叶应为采摘为主的部落。

有不死之国，阿姓，甘木是食。

大荒之中，有山名曰去痓。南极果，北不成，去痓果。

南海渚中，有神，人面，珥两青蛇，践两赤蛇，曰不廷胡余。

有神名曰因因乎，南方曰因乎，来风曰乎民，处南极以出入风。

有襄山。又有重阴之山。有人食兽，曰季厘。帝俊生季厘，故曰季厘之国。有缗渊。少昊生倍伐，倍伐降处缗渊。有水四方，名曰俊坛。

有载民之国。帝舜生无淫，降载处，是谓巫载民。巫载民朌姓，食谷，不绩不经不纺纱、不织布，服也言自然有布帛也；不稼不穑种之为稼，收之为穑，食也言五谷自生也。爰有歌舞之鸟，鸾鸟自歌，凤鸟自舞。爰有百兽，相群爰处。百谷所聚。

大荒之中，有山名曰融天，海水南入焉。

有人曰凿齿，羿杀之。

有蜮山者，有蜮民之国，桑姓，食黍，射蜮一说为狐是食意为狩猎为生。有人方扜弓拉弓射黄蛇，名曰蜮人。

有宋山者，有赤蛇，名曰育蛇。有木生山上，名曰枫木今枫香树。枫木，蚩尤所弃其桎梏，是为枫木。

有人方齿虎尾，名曰祖状之尸。

有小人，名曰焦侥之国，幾姓，嘉谷是食。

大荒之中，有山名朽涂之山，青水穷焉。有云雨之山，有木名曰栾。禹攻砍伐林木云雨，有赤石焉生栾言山有精灵，复变生此木于赤石之上，黄本，赤枝，青叶，群帝焉取药。

有国曰伯服，颛顼生伯服，食黍。有鼬姓之国。有苕山。又有宗山。又有姓山。又有壑山。又有陈州山。又有东州山。又有白水山，白水出焉，而生白渊，昆吾神名之师所浴也。

| 译文 |

在南海以外，赤水的西岸，流沙的东面，生活着一种野兽，左边右边都有一个头，名叫跊踢。还有三只青色的野兽交相合并着，叫作双双。

有座山叫阿山。南海的当中，有一座汜天山，赤水最终流到这座山。在赤水的东岸，有个地方叫苍梧之野，帝舜与叔均葬在那里。这里有花斑贝、离朱鸟、鹞鹰、老鹰、两头蛇、熊、罴、大象、老虎、豹子、狼、视肉兽。

有一座荣山，荣水就从这里发源。在黑水的南岸，有一条大黑蛇，吞食大鹿。

有一座山叫巫山，在巫山的西面有黄鸟。天帝的神仙药，就藏在巫山的八个山头中。黄鸟在巫山上，监视着那条大黑蛇。

在大荒当中，有座不庭山，荣水最终流到这座山。这里有一种人长着三个身子。帝俊的妻子叫娥皇，这三身国的人就是他们的后代子孙。三身国的人姓姚，吃黍米，能驯化驱使四种野兽。这里有一个四方形的渊潭，四个角都能旁通，北边与黑水相连，南边和大荒相通。北侧的渊称作少和渊，南侧的渊称作从渊，是帝舜洗澡的地方。

又有一座成山，甘水最终流到这座山。有个国家叫季禺国，这里的人是帝颛顼的子孙后代，吃黍米。还有个国家叫羽民国，这里的人都长着羽毛。又有个国家叫卵民国，这里的人都产卵而又从卵中孵化生出。

大荒之中，有座不姜山，黑水最终流到这座山。又有座贾山，汔水从这座山发源。又有座言山。又有座登备山。还有座恝恝山。又有座蒲山，澧水从这座山发源。又有座隗山，它的西面蕴藏有丹雘，它的东面蕴藏有玉石。又往南有座高山，漂水就是从这座山中发源的。又有座尾山。还有座翠山。

有个国家叫盈民国，这里的人姓於，吃黍米。又有人正在吃树叶。

有个国家叫不死国，这里的人姓阿，吃的是不死树。

在大荒当中，有座山叫作去痓山。山的南面是极果树，北面是不成山，去痓山上生长有果木。

在南海的岛屿上，有一个神，是人的面孔，耳朵上挂着两条青色蛇，两条红色蛇，这个神叫不廷胡余。

有个神人名叫因因乎，南方人单称他为因乎，从南方吹来的风称作乎民，他处在大地的南极主管风起风停。

有座襄山。又有座重阴山。有人在吞食野兽肉，名叫季厘。帝俊生了季厘，所以称作季厘国。有一个缗渊。少昊生了倍伐，倍伐被贬住在缗渊。有一个水池是四方形的，名叫俊坛。

有个国家叫戴民国。帝舜生了无淫，无淫被贬在戴这个地方居住，他的子孙后代就是所谓的巫戴民。巫戴民姓盼，吃五谷粮食，不从事纺织，自然有衣服穿；不从事耕种，自然有粮食吃。这里有能歌善舞的鸟，鸾鸟自由自在地歌唱，凤鸟自由自在地舞蹈。这里又有各种各样的野兽，群居相处。还是各种农作物汇聚生长的地方。

在大荒当中，有座山叫作融天山，海水从南面流进这座山。

有一个神人叫凿齿，羿杀死了他。

有座山叫作蜮山，在这里有个蜮民国，这里的人姓桑，吃黍米，也把蜮作为食物吃掉。有人正在拉弓射黄蛇，名叫蜮人。

有座山叫作宋山，山中有一种红色的蛇，名叫育蛇。山上还有一种树，名叫枫木。枫木，原来是蚩尤所丢弃的手铐脚镣，这些刑具就化成了枫木。

有个神人正咬着老虎的尾巴，名叫祖状之尸。

有一个由三尺高的小人组成的国家，名叫焦侥国，那里的人姓幾，吃的是上好的谷米。

在大荒当中，有座山名叫歹涂山，青水最终流到这座山。还有座云雨山，山上有一棵树叫作栾。大禹在云雨山砍伐树木，发现红色岩石上忽然生出这棵栾树，黄色的茎干，红色的枝条，青色的叶子，诸帝就到这里来采药。

有个国家叫伯服国，颛顼的后代组成伯服国，这里的人吃黍米饭。有个鼬姓国。有座苕山。又有座宗山。又有座姓山。又有座壑山。又有座陈州山。又有座东州山。还有座白水山，白水从这座山发源，然后流下来汇聚成为白渊，是昆吾的师傅洗澡的地方。

有人名曰张弘，在海上捕鱼。海中有张弘之国，食鱼，使四鸟。

有人焉，鸟喙，有翼，方捕鱼于海。

大荒之中，有人名曰驩头。鲧妻士敬，士敬子曰炎融，生驩头。驩头《海外南经》有此国人面鸟喙，有翼，食海中鱼，杖翼而行用翅膀当杖行走。维宜芑苣黍类，穆禾名、杨是食。有驩头之国。

帝尧、帝喾、帝舜葬于岳山即狄山也。爰有文贝、离俞、鸱久、鹰、延维、视肉、熊、罴、虎、豹；朱木、赤枝，青华，玄实。有申山者。

大荒之中，有山名曰天台，海水南入焉。

东南海之外，甘水之间，有羲和之国。有女子名曰羲和，方日浴当作浴日于甘渊《大荒东经》有甘渊。羲和者，帝俊之妻，生十日一说生十子；一说生一子，名十日，羲和子为造历数者，名字未见任何典籍。

有盖犹之山者，其上有甘柤，枝干皆赤，黄叶，白华，黑实。东又有甘华，枝干皆赤，黄叶。有青马。有赤马，名曰三骓。有视肉。

有小人，名曰菌人犹"靖人"。

有南类之山，爰有遗玉、青马、三骓、视肉、甘华，百谷所在。

| 译文 |

有个人叫作张弘，在海上捕鱼。海里的岛上有个张弘国，这里的人以鱼为食物，能驯化驱使四种野兽。

有一个人，长着鸟的嘴，生有翅膀，正在海上捕鱼。

在大荒当中，有个人名叫驩头。鲧的妻子是士敬，士敬生个儿子叫炎融，炎融生了驩头。驩头长着人的面孔，鸟一样的嘴，生有翅膀，吃海中的鱼，凭借着翅膀的支撑在地上行走。也把芑苣、穆、杨树叶做成食物吃。这就有了驩头国。

帝尧、帝喾、帝舜都葬埋在岳山。这里有花斑贝、离朱鸟、鸱久、老鹰、两头蛇、视肉怪兽、熊、罴、老虎、豹子；还有朱木树，长着红色的枝干、青色的花朵、黑色的果实。有座申山。

在大荒当中，有座山名叫天台山，海水从南边流进这座山中。

在东南海之外，甘水之间，有个羲和国。这里有个叫羲和的女子，正在甘渊中给太阳洗澡。羲和是帝俊的妻子，生十日。

有座山叫盖犹山，山上生有甘柤树，枝条和茎干都是红的，叶子是黄的，花朵是白的，果实是黑的。在这座山的东端还生长有甘华树，枝条和茎干都是红色的，叶子是黄的。有青色马。还有红色马，名叫三骓。又有视肉兽。

有一种十分矮小的人，名叫菌人。

有一座南类山，这里有遗玉、青马、三骓、视肉兽、甘华树。同时还是各种庄稼生长的地方。

卷十六 大荒西经

西北海之外，大荒之隅，有山而不合山有缺，不能合拢，名曰不周，有两黄兽守之。有水曰寒暑之水。水西有湿山，水东有幕山。有禹攻共工国山见《海外北经》共工与颛顼争帝。

有国名曰淑士，颛顼之子皆指苗裔也。

有神十人，名曰女娲《山海经》中女娲，未言造人之肠，化为神，处栗广之野，横道而处言断道也。

有人名曰石夷，西方曰夷，来风曰韦，处西北隅以司日月之长短。

有五采之鸟，有冠，名曰狂鸟一说即凤凰。

有大泽之长山。有白民之国。

西北海之外，赤水之东，有长胫之国。

有西周之国，姬姓，食谷。有人方耕，名曰叔均。帝俊生后稷，稷降以从天上带回百谷。稷之弟曰台玺，生叔均。叔均是代其父及稷播百谷，始作耕。有赤国妻氏一说为人名。有双山。

西海之外，大荒之中，有方山者，上有青树，名曰柜格之松，日月所出入也。

西北海之外，赤水之西，有先民之国，食谷，使四鸟。

有北狄之国。黄帝之孙曰始均，始均生北狄。

有芒山。有桂山。有榣山。其上有人，号曰太子长琴。颛顼生老童，老童生祝融，祝融生太子长琴，是处榣山，始作乐风_{曲名}。

有五采鸟三名：一曰皇鸟，一曰鸾鸟，一曰凤鸟。

有虫状如菟_{兔也}，胷_胸以后者裸不见，青如猿状。

大荒之中，有山名曰丰沮玉门，日月所入。

有灵山_{疑巫山}，巫咸、巫即、巫盼、巫彭、巫姑、巫真、巫礼、巫抵、巫谢、巫罗十巫，从此升降，百药爰在。

| 译文 |

在西北海以外，大荒的一个角落，有座山断裂而合不拢，名叫不周山，有两头黄色的野兽守护着它。有一条河名叫寒暑河。这条河的西面有座湿山，这条河的东面有座幕山。还有一座禹攻共工国山。

有个国家名叫淑士国，这里的人是帝颛顼的子孙后代。

有十个神人，名叫女娲肠，就是女娲的肠子变化而成的神，在称作栗广的原野上；他们居住在道路上，因而将路拦断了。

有位神人名叫石夷，西方人单称他为夷，从北方吹来的风称作韦，他处在大地的西北角掌管太阳和月亮升起落下时间的长短。

有一种长着五彩羽毛的鸟，头上有冠，名叫狂鸟。

有一座大泽长山。有一个白民国。

在西北海以外，赤水的东岸，有个长胫国。

有个西周国，这里的人姓姬，吃谷米。有个人正在耕田，名叫叔均。帝俊生了后稷，后稷把各种谷物的种子从天上带到下界。后稷的弟弟叫台玺，台玺生了叔均。叔均于是代替父亲和后稷播种各种谷物，开始创造耕田的方法。有个姓赤国妻的氏族。有座双山。

在西海以外，大荒当中，有座山叫方山，山上有棵青色大树，名叫柜格松，是太阳和月亮出入的地方。

在西北海以外，赤水的西岸，有个先民国，这里的人吃谷米，能驯化驱使四种野兽。

有个北狄国。黄帝的孙子叫始均，始均的后代子孙，就是北狄国人。

有座芒山。有座桂山。有座榣山，山上有一个人，号称太子长琴。颛顼生了老童，老童生了祝融，祝融生了太子长琴，于是太子长琴住在榣山上，开始创制音乐。

有三种长着彩色羽毛的鸟：一种叫皇鸟，一种叫鸾鸟，一种叫凤鸟。

有一种野兽的形状与普通的兔子相似，胸以后裸露的地方人们都看不见，皮毛是青色的，像猿猴一样，这些毛把裸露的部分遮住了。

在大荒的当中，有座山名叫丰沮玉门山，是太阳和月亮降落的地方。

有座灵山，巫咸、巫即、巫盼、巫彭、巫姑、巫真、巫礼、巫抵、巫谢、巫罗这十个巫师，就通过这座山上天下地，各种各样的草药也生长在这里。

有西王母之山或为西王母山、壑山、海山。有沃民之国，沃民是处。沃之野，凤鸟之卵是食，甘露是饮。凡其所欲，其味尽存想有什么滋味，就有什么滋味。爰有甘华、甘柤、白柳、视肉、三骓、璇瑰玉也、瑶碧、白木、琅玕、白丹、青丹、多银、铁。鸾凤自歌，凤鸟自舞，爰有百兽，相群是处，是谓沃之野。

有三青鸟，赤首黑目，一名曰大鵹，一名少鵹，一名曰青鸟。

有轩辕之台，射者不敢西向射，畏轩辕之台。

大荒之中，有龙山，日月所入。

有三泽水，名曰三淖，昆吾之所食也。

有人衣青，以袂蔽面袂，衣袖，《海外西经》记为以手遮面，名曰女丑之尸。

有女子之国。

有桃山。有䖟山。有桂山。有于土山。

有丈夫之国。

有弇州之山，五采之鸟仰天，名曰鸣鸟凤属也。爰有百乐歌儛之风。

有轩辕之国。江山之南栖为吉。不寿者乃八百岁。

西海陼中，有神，人面鸟身，珥两青蛇，践两赤蛇，名曰弇兹。

大荒之中，有山名曰日月山，天枢也天的枢纽。吴姬天门，日月所入。有神，人面无臂，两足反属反缚于头上，名曰嘘。颛顼生老童，老童生重及黎，帝令重献上天，令黎邛下地命令重司天，命令黎司地，下地是生噎，处于西极，以行日月星辰之行次。

有人反臂，名曰天虞。

有女子方浴月。帝俊妻常羲，生月十有二，此始浴之。

有玄丹之山。有五色之鸟，人面有发。爰有青鸢、黄鹜，青鸟、黄鸟，其所集者其国亡。

有池，名孟翼人名之攻颛顼之池。

大荒之中，有山，名曰鏖鏊钜，日月所入者。

有兽，左右有首，名曰屏蓬《海外西经》之并封兽。

有巫山者。有壑山者。有金门之山，有人名曰黄姖之尸。有比翼之鸟。有白鸟，青翼，黄尾，玄喙。有赤犬，名曰天犬，其所下者有兵。

西海之南，流沙之滨，赤水之后，黑水之前，有大山，名曰昆仑之丘。有神，人面虎身，有文有尾，皆白处之《西次三经》云昆仑之丘有陆吾神司之，即此。其下有弱水之渊环之，其外有炎火之山火焰之山，投物辄然同燃。有人，戴胜头戴饰品，虎齿，有豹尾，穴处，名曰西王母。此山万物尽有。

大荒之中，有山名曰常阳之山，日月所入。

| 译文 |

有西王母山、壑山、海山。有个沃民国，沃民便居住在这里。生活在沃野的人，吃的是凤鸟产的蛋，喝的是天降的甘露。凡是他们心里想要的美味，都能在自己国家吃到。这里还有甘华树、甘柤树、白柳树、视肉怪兽、三骓马、璇瑰、瑶玉、碧玉、白木树、琅玕树、白丹、青丹，多出产银、铁。鸾鸟自由自在地歌唱，凤鸟自由自在地舞蹈，还有各种野兽，群居相处，所以称作沃野。

有三只青色大鸟，红红的脑袋黑黑的眼睛，一只叫作大鹜，一只叫作少鹜，一只叫作青鸟。

有座轩辕台，射箭的人都不敢句西射，因为敬畏轩辕台上黄帝的威灵。

大荒当中，有座龙山，是太阳和月亮降落的地方。

有三个汇聚成的大水地，名叫三淖，是昆吾族人取得食物的地方。

天犬

天りん山赤りん
ありてん家んと
なづくわこりうし
頭のあかしきへい
のこしあり天くのせいなり
とひあちこしてあらそひも
ますしゆるすすあるくせ
かみのびしいつちのひかりる
かすし呉楚七國そむく時
くるつあらし山るするく

天犬：一种红色的狗，它的出现预示将发生战争

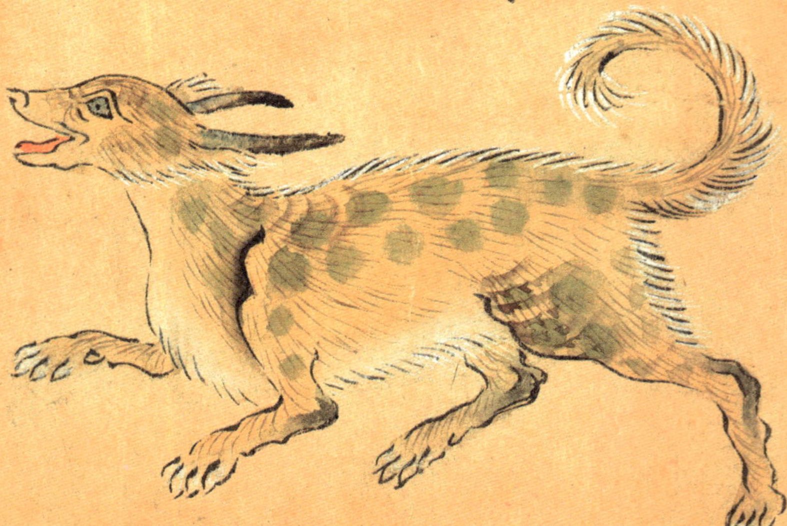

有个人穿着青色衣服，用袖子遮住脸面，名叫女丑尸。

有个女子国。有座桃山。还有座䖝山，又有座桂山。又有座于土山。

有个丈夫国。有座弇州山，山上有一种长着五彩羽毛的鸟正仰头向天而嘘，名叫鸣鸟。这里有各种各样的音乐韵调。

有个轩辕国。这里的认为居住在江河山岭的南边是吉利的，就是寿命不长的人也能活到八百岁。

在西海的岛屿上，有一个神，长着人的面孔鸟的身子，耳朵上挂着两条青蛇，脚底下踩着两条红蛇，名叫弇兹。

大荒当中，有座山名叫日月山，是天的枢纽。这座山的主峰叫吴姖天门山，是太阳和月亮降落的地方。有一个神人，形状像人而没有臂膀，两只脚反转着连在头上，名叫噓。帝颛顼生了老童，老童生了重和黎，帝颛顼命令重托着天用力往上举，又命令黎撑着地使劲朝下按。于是黎来到地下并生了噎，噎就处在大地的最西端，主管着太阳、月亮和星辰运行的先后次序。

有个人反长着臂膀，名叫天虞。

有个女子正在替月洗澡。帝俊的妻子常羲，生了十二个月亮，开始在这里给它们洗澡。

有座玄丹山。在玄丹山上有一种长着五彩羽毛的鸟，一副人的面孔而且有头发。这里还有青䳐、黄鹜，这些青鸟、黄鸟，停留在哪个国家，哪个国家就会灭亡。

有个水池，名叫孟翼攻颛顼池。

大荒当中，有座山名叫鏖鏊钜山，是太阳和月亮降落的地方。

有一种野兽，左边和右边各长着一个头，名叫屏蓬。

有座叫作巫山的山。又有座叫作壑山的山。还有座金门山，山上有个人名叫黄姬尸。有比翼鸟。有一种白鸟，长着青色的翅膀，黄色的尾巴，黑色的嘴壳。有一种红颜色的狗，名叫天犬，凡是它所降临的地方，都会发生战争。

在西海的南面，流沙的边沿，赤水的后面，黑水的前面，屹立着一座大山，就是昆仑山。有一个神，长着人的面孔、老虎的身子，身上有花纹，有尾巴，尾巴上尽是白色斑点，住在这座昆仑山上。昆仑山下有条弱水汇聚的深渊环绕着它，深渊的外边有座炎火山，一投进东西就燃烧起来。有人头上戴着玉制首饰，满口的老虎牙齿，有一条豹子似的尾巴，在洞穴中居住，名叫西王母。世上的各种东西都能在这座山上找到。

大荒当中，有座山名叫常阳山，是太阳和月亮降落的地方。

有寒荒之国。有二人女祭、女薎即女戚，见《海外西经》。

有寿麻之国。南岳娶州山女，名曰女虔。女虔生季格，季格生寿麻。寿麻正立无景同影，疾呼无响。爰有大暑，不可以往言热炙杀人也。

有人无首，操戈盾立，名曰夏耕之尸。故成汤伐夏桀于章山，克之，斩耕即夏耕也厥其前。耕既立，无首，走厥咎避罪而逃，乃降于巫山。

有人名曰吴回，奇左郭璞注：即奇胲也，是无右臂。

有盖山之国。有树，赤皮支干，青叶，名曰朱木。

有一臂民。

大荒之中，有山名曰大荒之山，日月所入。有人焉三面，是颛顼之子，三面一臂，三面之人不死，是谓大荒之野。

西南海之外，赤水之南，流沙之西，有人珥两青蛇，乘两龙，名曰夏后开夏启，汉人避景帝刘启讳改。开上三嫔同宾于天祭天，得九辩与九歌皆乐名以下。此天穆之野，高二千仞，开焉得始歌九招曲名。

有氐人之国。炎帝之孙名曰灵恝，灵恝生氐人，是能上下于天飞来飞去。

有鱼偏枯，名曰鱼妇。颛顼死即复苏。风道从也北来，天乃大水泉，蛇乃化为鱼，是为鱼妇，颛顼死即复苏。

有青鸟，身黄，赤足，六首，名曰鸀鸟。

有大巫山。有金之山。西南，大荒之隅，有偏句、常羊之山。

| 译文 |

有个寒荒国。这里有两个人分别叫女祭、女薎。

有个国家叫寿麻国。南岳娶了州山的女子为妻，她的名字叫女虔。女虔生了季格，季格生了寿麻。寿麻端端正正站在太阳下不见任何影子，向四面八方高声叫喊也没有一点回响。这里异常炎热，人不可以前往。

有个人没了脑袋，手拿一把戈和一面盾牌立着，名叫夏耕尸。从前成汤在章山讨伐夏桀，打败了夏桀，在他的面前斩杀了夏耕。夏耕站立起来后，发觉没了脑袋，为逃避他的罪咎，于是逃到巫山去了。

有个人名叫吴回，只剩下左臂膀，而没了右臂膀。

有个盖山国。这里有一种树木，树皮、树枝、树干都是红色的，叶子是青色的，名叫朱木。

有一种只长一条臂膀的一臂民。

大荒当中，有一座山，名叫大荒山，是太阳和月亮降落的地方。这里有一种人，头的前边和左边、右边各长着一张面孔，是颛顼的子孙后代，三张面孔一只胳膊，这种三张面孔的人永远不死。这里就是所谓的大荒野。

在西南海以外，赤水的南岸，流沙的西面，有个人耳朵上挂着两条青蛇，乘驾着两条龙，名叫夏后启。夏后启曾三次到天帝那里做客，得到天帝的乐曲《九辩》和《九歌》之后回到人间。这里就是所谓的天穆野，高达二千仞，夏后启在此开始演奏《九招》乐曲。

有个氐人国。炎帝的孙子名叫灵恝，灵恝生了氐人，这里的人能乘云驾雾，在天上与人世之间自由来往。

有一种鱼的身子半边干枯，名叫鱼妇，是帝颛顼死了又立即苏醒而变化的。风从北方吹来，天上如有大泉涌出，蛇于是变化成为鱼，这便是所谓的鱼妇。这种鱼是帝颛顼死后变化的。

有一种青鸟，身子是黄色的，爪子是红色的，长有六个头，名叫䰇鸟。

有座大巫山。又有座金山。在西南方，大荒的一个角落，有偏句山、常羊山。

卷十七 大荒北经

东北海之外，大荒之中，河水之间，附禺之山即务禺之山，帝颛顼与九嫔葬焉。爰有鸱久、文贝、离俞、鸾鸟、皇鸟、大物、小物殉葬的物品齐全。有青鸟、琅鸟、玄鸟、黄鸟、虎、豹、熊、罴、黄蛇、视肉、璇、瑰、瑶、碧，皆出于山。卫丘方圆三百里，丘南帝俊竹林在焉，大可为舟做船。竹南有赤泽水，名曰封渊。有三桑无枝，皆高百仞。丘西有沈渊，颛顼所浴。

有胡不与之国，烈姓，黍食。

大荒之中，有山，名曰不咸。有肃慎氏之国。有蜚蛭，四翼。有虫，兽首蛇身，名曰琴虫。

有人名曰大人。有大人之国《海外东经》《大荒东经》俱有，釐音西姓，黍食。有大青蛇，黄头，食麈音主，鹿类。

有榆山。有鲧攻程州之山。

大荒之中，有山名曰衡天。有先民之山。有槃木千里。

有叔歜音黜国。颛顼之子，黍食，使四鸟：虎、豹、熊、罴。有黑虫如熊状，名曰猎猎。

有北齐之国，姜姓，使虎、豹、熊、罴。

大荒之中，有山名曰先槛大逢之山，河济所入，海即渤海矣北注焉。其西有山，名曰禹所积石。

有阳山者。有顺山者，顺水出焉。有始州之国，有丹山。

有大泽方千里，群鸟所解。

有毛民之国，依姓，食黍，使四鸟。禹生均国，均国生役采，役采生修鞈，修鞈杀绰人。帝念之，潜为之国密用之为国，是此毛民。

有儋耳或为聂耳之国，见《海外北经》之国，任姓，禺号子后代，食谷。北海之渚中，有神，人面鸟身，珥两青蛇以蛇贯耳，践两赤蛇，名曰禺强。

大荒之中，有山名曰北极天柜，海水北注焉。有神，九首人面鸟身，名曰九凤。又有神，衔蛇操蛇，其状虎首人身，四蹄长肘，名曰强良。

大荒之中，有山名曰成都载天。有人珥两黄蛇，把两黄蛇，名曰夸父。后土生信，信生夸父。夸父不量力，欲追日景，逮之于禺谷。将饮河而不足也，将走大泽，未至，死于此。应龙已杀蚩尤，又杀夸父，乃去南方处之，故南方多雨。

又有无肠之国《海外北经》有无肠国，是任姓，无继子，食鱼。

| 译文 |

东北海之外，大荒之内，黄河流过的地方，有一座附禺山，这是帝颛顼和他的后宫嫔妃死后埋葬的地方。这里有鹓鹰、长着彩纹的贝壳、离朱、鸾鸟、凤鸟以及帝颛顼的各种随葬物品。这里还有青鸟、琅鸟、玄鸟、黄鸟、虎、豹、熊、黑、黄蛇、视肉等鸟兽，还散布着璿瑰、瑶玉、碧玉等玉石类。这些都源出自于这座山。卫丘方圆有三百里，

強良：古代传说中的神，虎首人身，四肢有蹄，还有长长的臂肘，口中衔着蛇，手里还握着蛇。

強良

小丘的南面有一片帝俊的竹林，里面的竹子长得非常高大，都可以用来制作大船了。竹林的南面有一处红色的湖水，名叫封渊。有三棵桑树，有一百仞那么高。小丘的西面有一处湖泊名叫沉渊，是帝颛顼洗澡沐浴的地方。

有个胡不与国，这里的人姓烈，吃黍米。

大荒当中，有座山名叫不咸山。有个肃慎氏国。有一种能飞的蛭，长着四只翅膀。有一种蛇，是野兽的脑袋蛇的身子，名叫琴虫。

有一种人名叫大人。有个大人国，这里的人姓釐，吃黍米。有一种大青蛇，黄色的脑袋，能吞食大鹿。

有座榆山。又有座鲧攻程州山。

大荒当中，有座山名叫衡天山。又有座先民山。有一棵盘旋弯曲方圆千里的大树。

有个叔歜国，这里的人都是颛顼的子孙后代，吃黍米，能驯化驱使四种野兽：老虎、豹子、熊和罴。有一种形状与熊相似的黑虫，名叫猎猎。

有个北齐国，这里的人姓姜，能驯化驱使老虎、豹子、熊和罴。

大荒当中，有座山名叫先槛大逢山，是黄河水和济水流入的地方，海水从北面灌注到这里。它的西边也有座山，名叫禹所积石山。

有座阳山。又有座顺山，顺水从这座山发源。有个始州国，国中有座丹山。

有一片大泽方圆千里，这里栖居着各种禽鸟。

有个毛民国，这里的人姓依，吃黍米，能驯化驱使四种野兽。禹生了均国，均国生了役采，役采生了修鞈，修鞈杀了绰人。大禹哀念绰人被杀，暗地里帮绰人的子孙后代建成国家，就是这个毛民国。

有个儋耳国，这里的人姓任，是神人禺号的子孙后代，吃谷米。在北海的岛屿上，有一个神，长着人的面孔、鸟的身子，耳朵上挂着两条青蛇，脚底下踩踏着两条红蛇，名叫禺强。

大荒当中，有座山名叫北极天柜山，海水从北面灌注到这里。有一个神，长着九个脑袋和人的面孔、鸟的身子，名叫九凤。又有一个神，嘴里衔着蛇手中握着蛇，他的样貌是老虎的脑袋人的身子，有四只蹄子和长长的臂肘，名叫强良。

大荒当中，有座山名叫成都载天山。有一个人的耳上挂着两条黄蛇，手上握着两条黄蛇，名叫夸父。后土生了信，信生了夸父。而夸父不自量力，想要追赶太阳的光影，直追到禺谷。夸父想喝黄河水解渴，却不够喝，准备跑到北方去喝大泽的水，还未到，便在这里渴死了。应龙在杀了蚩尤以后，又杀了夸父，便逃到南方居住，所以南方的雨水很多。

又有个无肠国，这里的人姓任，他们是无继国人的子孙后代，吃鱼。

共工之臣名曰相繇*相柳也，见《海外北经》*，九首蛇身，自环*自旋也*，食于九山。其所欥*吐*所尼*止也*，即为源泽，不辛乃苦，百兽莫能处。禹湮洪水，杀相繇*郭璞释之云：禹塞洪水，由以溺杀之也*，其血腥臭，不可生谷，其地多水，不可居也。禹湮之，三仞三沮，乃以为池，群帝因是以为台*见《海外北经》*。在昆仑之北。

有岳之山，寻竹生焉。

大荒之中,有山名曰不句,海水北入焉。

有系昆之山者,有共工之台,射者不敢北乡。有人衣青衣,名曰黄帝女魃。蚩尤作兵伐黄帝,黄帝乃令应龙攻之冀州之野。应龙畜水,蚩尤请风伯雨师,纵大风雨。黄帝乃下天女曰魃,雨止,遂杀蚩尤。魃不得复上,所居不雨大旱也。叔均言之帝,后置之赤水之北。叔均乃为田祖神名。魃时亡之逃也。所欲逐之者,令曰:"神北行!"先除水道,决通沟渎。

有人方食鱼,名曰深目民之国见《海外北经》,盼音纷姓,食鱼。

有钟山者。有女子衣青衣,名曰赤水女子献。

大荒之中,有山名曰融父山,顺水入焉。有人名曰犬戎。黄帝生苗龙,苗龙生融吾,融吾生弄明,弄明生白犬,白犬有牝牡,是为犬戎,肉食。有赤兽,马状无首,名曰戎宣王尸犬戎之首领。

有山名曰齐州之山、君山、鹫音泰山、鲜野山、鱼山。

| 译文 |

共工有一位臣子名叫相繇,长了九个脑袋,还长着蛇一样的躯体,盘旋自绕成一团,贪婪地霸占九座山而索取食物。他所喷吐气息和停留过的地方,立即变成大沼泽,而空气变得不是辛辣就是很苦,任何野兽都不敢居住在这里。大禹堵塞洪水,杀死了相繇,而相繇的血又腥又臭,使谷物不能生长,那地方又水涝成灾,使人不能居住。大禹填塞了那里,屡次填塞而屡次塌陷,于是把它挖成大池子,诸帝就利用挖出的泥土建造了几座高台。这些高台位于昆仑山的北面。

有座岳山，一种高大的竹子生长在这座山上。

大荒当中，有座山名叫不句山，海水从北面灌注到这里。

有座山叫系昆山，上面有共工台，射箭的人因敬畏共工的威灵而不敢朝北方拉弓射箭。有一个人穿着青色衣服，名叫黄帝女魃。蚩尤制造了多种兵器用来攻打黄帝，黄帝便派应龙到冀州的原野去攻打蚩尤。应龙积蓄了很多水，而蚩尤请来风伯和雨师，纵起一场大风雨。黄帝就降下名叫魃的天女助战，雨被止住，于是应龙得以杀死蚩尤。女魃因神力耗尽而不能再回到天上，她居住的地方没有一点雨水。叔均将此事禀报给黄帝，后来黄帝就把女魃安置在赤水的北面。叔均做了田神。女魃常常因为四处流亡而使所到之处出现旱情，当地人要想驱逐她，便祷告说："神啊请向北去吧！"事先清除水道，疏通大小沟渠。

有一群人正在吃鱼，名叫深目民国，这里的人姓盼，吃鱼类。

有座钟山。有一个穿青色衣服的女子，名叫赤水女子献。

大荒当中，有座山名叫融父山，顺水流入这座山。有一族人名叫犬戎。黄帝生了苗龙，苗龙生了融吾，融吾生了弄明，弄明生了白犬，这白犬有一公一母而自相交配，便繁衍出犬戎人，他们吃肉。有一种红色的野兽，形状像普通的马却没有脑袋，名叫戎宣王尸。

有几座山分别叫作齐州山、君山、鬵山、鲜野山、鱼山。

有人一目，当面中生，一曰是威姓，少昊之子，食黍。

有无继民，无继民任姓，无骨子当指下文牛梨之国，食气、鱼郝懿行释：食气、鱼者，此人食气兼食鱼也。《大戴礼记·易本命篇》云：食气者神明而寿。

西北海外，流沙之东，有国曰中輪，颛顼之子，食黍。

有国名曰赖丘。有犬戎国。有神，人面兽身，名曰犬戎。

西北海外，黑水之北，有人有翼，名曰苗民。颛顼生骥头《海外南经》、《大荒南经》俱有此国，骥头生苗民，苗民釐姓，食肉。有山名曰章山。

大荒之中，有衡石山、九阴山、灰野之山，上有赤树，青叶，赤华，名曰若木。

有牛黎之国。有人无骨，儋耳之子。

西北海之外，赤水之北，有章尾山。有神，人面蛇身而赤，直目眼睛竖起来正乘，其瞑乃晦，其视乃明，不食、不寝、不息，风雨是谒言能请致风雨。是烛九阴，是谓烛龙。

| 译文 |

有一种人长着一只眼睛，这只眼睛长在脸面的正中间。一种说法认为他们姓威，是少昊的子孙后代，吃黍米。

有一种人称作无继民，无继民姓任，是无骨民的子孙后代，吃的是空气和鱼类。

在西北方的海外，流沙的东面，有个国家叫中輪国，这里的人是颛顼的子孙后代，吃黍米。

有个国家名叫赖丘。还有个犬戎国。有一种人，长着人的面孔和兽的身子，名叫犬戎。

在西北方的海外，黑水河的北岸，有一种人长着翅膀，名叫苗民。

颛顼生了骊头，骊头生了苗民，苗民人姓釐，以肉类为主要食物。还有一座山名叫章山。

大荒当中，有衡石山、九阴山、灰野山，山上有一种红颜色的树木，有青色的叶子和红色的花朵，名叫若木。

有个牛黎国。这里的人身上没有骨头，是儋耳国人的子孙后代。

在西北方的海外，赤水的北岸，有座章尾山。有一个神人，长着人的面孔和蛇的身子，全身是红色的，眼睛是竖着长的，好像一条缝隙，他闭上眼睛就是黑夜、睁开眼睛就是白昼，不吃饭不睡觉不呼吸，能呼风唤雨。他能照耀最阴暗的地方，他就叫作烛龙。

卷十八 海内经

东海之内，北海之隅，有国名曰朝鲜、天毒一说为印度，即天竺，其人水居，偎人爱人其国人非常有爱心。

西海之内，流沙之中，有国名曰壑市。

西海之内，流沙之西，有国名曰氾今作泛叶。

流沙之西，有鸟山者，三水出焉三水同出一山。爰有黄金、璿瑰皆为玉、丹货、银、铁，皆流于此中。又有淮山，好水出焉。

流沙之东，黑水之西，有朝云之国、司彘之国。黄帝妻雷祖一说为嫘祖，生昌意人名，昌意降处若水昌意被封到若水国，生韩流。韩流擢首长颈、谨耳、人面、豕喙、麟身、渠股车辋一样的双腿、豚止，取淖子曰阿女，生帝颛顼。

流沙之东，黑水之间，有山名不死之山。

华山青水之东，有山名曰肇山。有人名曰柏子高，柏子高上下于此，至于天。

西南黑水之间，有都广之野，后稷葬焉。其城方三百里，盖天地之中，素女所出也。爰有膏菽、膏稻、膏黍、膏稷，百谷自生，冬夏播琴播种也。鸾鸟自歌，凤鸟自舞，灵寿木名实华，草木所聚。爰有百兽，相群爰处群居。此草也，冬夏不死。

南海之内，黑水青水之间，有木名曰若木，若水出焉。

有禺中之国。有列襄之国。有灵山，有赤蛇在木上，名曰蝡今作蠕蛇，木食摘果而食。

有盐长之国。有人焉鸟首，名曰鸟氏。

有九丘，以水络环绕之：名曰陶唐之丘、有叔得之丘、孟盈之丘、昆吾之丘、黑白之丘、赤望之丘、参卫之丘、武夫之丘、神民之丘。有木，青叶紫茎，玄华黄实，名曰建木，百仞无枝，上有九欘音竹，树枝曲回，下有九枸树根盘结，其实如麻，其叶如芒棠梨也，大暤神名，一说为伏羲爰过，黄帝所为黄帝所造也。

有窫窳，龙首，是食人。有青兽，人面，名曰猩猩。

西南有巴国。大暤生咸鸟，咸鸟生乘厘，乘厘生后照，后照是始为巴人。

有国名曰流黄辛氏《南次二经》《海内西经》俱有此国，其域中方三百里，出尘。有巴遂山，渑水出焉。

又有朱卷之国。有黑蛇，青首，食象。

南方有赣巨人，人面长唇，黑身有毛，反踵，见人则笑，唇蔽其面，因即逃也。

又有黑人，虎首鸟足，两手持蛇，方啖之。

有嬴民，鸟足。有封豕封：大也；豕，猪也；封豕：郭璞释之云，大猪也，羿射杀之。袁珂校注云：封豕或为王亥二字之讹。

有人曰苗民。有神焉，人首蛇身，长如辕，左右有首，衣紫衣，冠旃同毡冠，名曰延维委蛇，人主得而飨食献祭之，伯同霸天下。

有鸾鸟自歌，凤鸟自舞。凤鸟首文曰德，翼文曰顺，膺文曰仁，背文曰義，见则天下和。

又有青兽如菟，名曰㾁音刚狗。有翠鸟。有孔鸟一说孔雀。

| 译文 |

在东海以内，北海的一个角落，有个国家名叫朝鲜。还有一个国家叫天毒，天毒国的人傍水而居，怜悯人慈爱人。

在西海以内，流沙的中央，有国家名叫壑市国。

在西海以内，流沙的西边，有个国家名叫氾叶国。

流沙西面，有座山叫鸟山，三条河流共同发源于这座山。这里所有的黄金、璚瑰玉、丹货、银、铁，全都产于这些河中。又有座大山叫淮山，好水河就是从这座山发源的。

在流沙的东面，黑水的西岸，有朝云国、司彘国。黄帝的妻子雷祖生下昌意。昌意来到若水居住，生下了韩流。韩流有长长的脑袋、小小的耳朵、人的面孔、猪的长嘴、麒麟的身子、车辋般的双腿、小猪的蹄子，娶了淖子族的名叫阿女的女儿，生下了帝颛顼。

在流沙的东面，黑水河流经的地方，有座山名叫不死山。

在华山青水的东面，有座山名叫肇山。有个仙人名叫柏子高，柏子高由这里上上下下，直至到达天上。

在西南方黑水河流经的地方，有一处地方叫都广野，后稷就埋葬在这里。它的疆域方圆有三百里，是天地的正中央，素女就出现在这里。这里出产膏菽、膏稻、膏黍、膏稷，各种谷物自然成长，冬夏都能播种。

鸾鸟自由自在地歌唱，凤鸟自由自在地舞蹈，灵寿树开花结果，丛草树林茂盛。这里还有各种禽鸟野兽，群居相处。在这个地方生长的草，无论寒冬炎夏都不会枯死。

在南海之内，黑水青水流经的地方，有一种树木名叫若木，而若水河就从若木生长的地方发源。

有个禺中国。又有个列襄国。有一座灵山，山中的树上有一种红颜色的蛇，叫作蝡蛇，是一种素食类动物。

有个盐长国。这里的人长着鸟一样的脑袋，称作鸟民。

有九座山丘，都被水环绕着，名称分别是陶唐丘、叔得丘、孟盈丘、昆吾丘、黑白丘、赤望丘、参卫丘、武夫丘、神民丘。有一种树木，青色的叶子紫色的茎干，黑色的花朵黄色的果实，叫作建木，高达百仞的树干上不生长枝条，而树顶上有很多弯蜒曲折的桠枝，树底下有很多盘旋交错的根节，它的果实像麻子，叶子像芒树叶。大皞就凭借建木登上天界，那是黄帝制作的天梯。

有一种窫窳兽，长着龙一样的脑袋，能吃人。还有一种野兽，长着人一样的面孔，名叫猩猩。

西南方有个巴国。大皞生了咸鸟，咸鸟生了乘厘，乘厘生了后照，而后照就是巴国人的始祖。

有个国家名叫流黄辛氏国，它的疆域方圆三百里，那里出产麈。还有一座巴遂山，渑水从这座山发源。

又有个朱卷国。这里有一种黑颜色的大蛇，长着青色脑袋，能吞食大象。

南方有一种赣巨人，长着人的面孔，嘴唇很长，黑黑的身上长满了毛，脚尖朝后而脚跟朝前反长着，看见人就发笑，一发笑嘴唇便会遮住他的脸，人们就可以趁此逃走。

还有一种黑人，长着老虎一样的脑袋，禽鸟一样的爪子，两只手握着蛇，正在吞食它。

有一种人称作嬴民，长着禽鸟一样的爪子。还有大野猪。

有一种人称作苗民。这地方有一个神，长着人的脑袋，蛇的身子，身躯长长的像车辕，左边右边各长着一个脑袋，穿着紫色衣服，戴着红色帽子，名叫延维，君主得到它后加以奉飨祭祀，就可以称霸天下。

有鸾鸟自由自在地歌唱，有凤鸟自由自在地舞蹈。凤鸟头上的花纹是"德"字，翅膀上的花纹是"顺"字，胸脯上的花纹是"仁"字，脊背上的花纹是"義"字。这种鸟一旦出现，就预示着会天下太平。

又有一种像兔子的青色野兽，名叫菌狗。又有翠鸟。还有孔雀鸟。

南海之内，有衡山，有菌 郭本作崐 山，有桂山。有山名三天子之都 见《海内东经》，浙江、庐江出此山。

南方苍梧之丘，苍梧之渊，其中有九嶷山，舜之所葬，在长沙零陵界中。

北海之内，有蛇山者，蛇水出焉，东入于海。有五采之鸟，飞蔽一乡，名曰翳鸟。又有不距之山，巧倕 传为尧帝的工匠 葬其西。

北海之内，有反缚盗械 戴上刑具、带戈常倍之佐 臣佐也，名曰相顾之尸。

伯夷父生西岳，西岳生先龙，先龙是始生氐羌，氐羌乞姓。

北海之内，有山，名曰幽都之山，黑水出焉。其上有玄鸟、玄蛇、玄豹、玄虎、玄狐蓬尾。有大玄之山。有玄丘之民。有大幽之国。有赤胫之民。

有钉灵之国，其民从膝以下有毛，马蹄善走。

炎帝之孙伯陵，伯陵同私通吴权之妻阿女缘妇，缘妇孕三年，是生鼓、延、殳。殳始为侯箭靶，鼓、延是始为钟，为乐风作曲。

黄帝生骆明，骆明生白马，白马是为鲧。

帝俊生禺号，禺号生淫梁，淫梁生番禺，是始为舟。番禺生奚仲，奚仲生吉光，吉光是始以木为车。

少皞生般，般是始为弓矢。

帝俊赐羿彤弓素矰箭矢，以扶下国令羿除患，扶助下国，羿是始去恤下地之百艰。

帝俊生晏龙，晏龙是为琴瑟。

帝俊有子八人，是始为歌舞。

帝俊生三身，三身生义均，义均是始为巧倕，是始作下民百巧。后稷是播百谷。稷之孙曰叔均，是始作牛耕。大比赤阴即《大荒西经》之赤国妻氏，是始为国。禹、鲧是始布土，均定九州。

炎帝之妻，赤水之子听訞生炎居，炎居生节并，节并生戏器，戏器生祝融，祝融降处于江水，生共工，共工生术器，术器首方平颠头顶，是复土壤祝融之所，以处江水。共工生后土，后土生噎鸣，噎鸣生创制岁十有二一年十二个月。

洪水滔天。鲧窃帝黄帝之息壤能自我生长的土地以堙洪水，不待帝命。帝令祝融杀鲧于羽郊。鲧复腹也生禹。帝乃命禹卒布土以定九州。

译文

南海之内,有座衡山,又有座菌山,还有座桂山。还有座山叫作三天子都山。

南方有一片山丘叫苍梧丘,还有一个深渊叫苍梧渊,在苍梧丘和苍梧渊的中间有座九嶷山,帝舜就埋葬在这里。九嶷山位于长沙零陵境内。

北海以内,有座山叫蛇山,蛇水从蛇山发源,向东流入大海。有一种长着五彩羽毛的鸟,成群地飞起时可以遮蔽一乡的上空,名叫翳鸟。还有座不距山,巧倕便葬在不距山的西面。

北海以内,有一个戴刑具并且反绑着的、带着戈而图谋叛逆的臣子,名叫相顾之尸。

伯夷父生了西岳,西岳生了先龙,先龙的后代子孙便是氐羌,氐羌人姓乞。

北海以内,有一座山,名叫幽都山,黑水河从这座山发源。山上有黑色鸟、黑色蛇、黑色豹子、黑色老虎,有毛蓬蓬尾巴的黑色狐狸。有座大玄山。有玄丘民。有个大幽国。有一种小腿是红色的人。

有个钉灵国,这里的人从膝盖以下的腿部都有毛,长着马的蹄子,并且善于奔跑。

炎帝的孙子叫伯陵,伯陵与吴权的妻子阿女缘妇私通,阿女缘妇怀孕三年,这才生下鼓、延、殳三个儿子。殳发明了箭靶,鼓、延二人发明了钟,创制了乐曲和音律。

黄帝生了骆明，骆明生了白马，白马就是鲧。

帝俊生了禺号，禺号生了淫梁，淫梁生了番禺，番禺发明了船。番禺生了奚仲，奚仲生了吉光，吉光最早用木头制做出了车子。

少皞生了般，般发明了弓和箭。

帝俊赏赐给后羿红色的弓和白色的箭，让他用射箭的技艺去扶助人间各国，后羿便开始去救济世间人们的各种苦难。

帝俊生了晏龙，晏龙最初发明了琴和瑟两种乐器。

帝俊有八个儿子，他们开始创作出歌曲和舞蹈。

帝俊生了三身，三身生了义均，义均便是所谓的巧倕，他创制了世间的各种工艺技巧。后稷开始播种各种农作物。后稷的孙子叫叔均，叔均发明了用牛耕田。赤国妻氏最初建立了国家。禹和鲧开始治理国土，度量划定九州范畴。

炎帝的妻子，即赤水氏的女儿听沃生下炎居，炎居生了节并，节并生了戏器，戏器生了祝融。祝融搬迁到长江边居住，生下了共工。共工生了术器。术器的头是平顶方形，他光复了祖父祝融的土地，住在长江边上。共工生了后土，后土生了噎鸣，噎鸣创制了十二个月为一年。

洪水漫漫，淹没天地。鲧偷拿天帝的息壤用来堵塞洪水，而未等待天帝下令。天帝派遣祝融把鲧杀死在羽山的郊野。禹从鲧的遗体的腹中生出来。天帝最终就命禹治理洪水，从而划定了九州各域。

图书在版编目（CIP）数据

山海经：怪奇鸟兽图释 / 杨维清注译、图注. -- 北京：北京燕山出版社，2018.12（2021.5 重印）

ISBN 978-7-5402-5293-9

Ⅰ．①山… Ⅱ．①杨… Ⅲ．①历史地理－中国－古代 ②《山海经》－通俗读物 Ⅳ．① K928.631-49

中国版本图书馆 CIP 数据核字（2019）第 001601 号

山海经：怪奇鸟兽图释

责任编辑：王亦言
助理编辑：李　航
封面设计：沐希设计
出版发行：北京燕山出版社有限公司
社　　址：北京市丰台区东铁匠营苇子坑 138 号 C 楼（嘉城商务中心 C 座）
邮　　码：100054
电话传真：86-10-65240430（总编室）
印　　刷：沈阳晟邦印刷包装有限公司
开　　本：889 × 1194　1/32
字　　数：240 千字
印　　张：10
版　　别：2020 年 2 月第 1 版
印　　次：2021 年 5 月第 2 次印刷
标准书号：ISBN 978-7-5402-5293-9
定　　价：69.80 元

陽山に志んしやあ
てぬくいとゐはく
あゝりしこきんた
こ国太にひてり
を陽王七すにあく
九孫んひてりを

[illegible]擅

ゑん山のくされ
もくろうからうと
よくくるくすうと
うううをぶあく
そうとをいた
ゆこうるり

當廣

かうせさるは
ないやうとい
うるをねる

あらひりせうう
とふらさねあり
みそきをくて
みそのれうき
せいろんよえてら
うるけんぞ

赤貔